왜 우리는 매일
── 거대도시로
향하는가──

# 왜 우리는 매일 거대도시로 향하는가

1판 1쇄 발행 2024. 5. 14.
1판 2쇄 발행 2024. 6. 17.

지은이 정희원·전현우

발행인 박강휘
편집 봉정하 디자인 조명이 홍보 박은경 마케팅 백선미
발행처 김영사
등록 1979년 5월 17일(제406-2003-036호)
주소 경기도 파주시 문발로 197(문발동) 우편번호 10881
전화 마케팅부 031)955-3100, 편집부 031)955-3200 | 팩스 031)955-3111

값은 뒤표지에 있습니다.
ISBN 978-89-349-3500-1 03300

홈페이지 www.gimmyoung.com       블로그 blog.naver.com/gybook
인스타그램 instagram.com/gimmyoung     이메일 bestbook@gimmyoung.com

좋은 독자가 좋은 책을 만듭니다.
김영사는 독자 여러분의 의견에 항상 귀 기울이고 있습니다.

# 왜 우리는 매일

# 거대도시로
# 향하는가

정희원 × 전현우

김영사

## 편지를 열며

### 전현우

2024년 벽두, 오늘도 거대도시의 길 위에는 버스 수십 대가 기차처럼 늘어서 있다. 서울의 중심, 명동 일대의 정류장을 중심으로 생겨난 긴 줄. 이 줄의 직접적인 원인은 광역버스 27개 노선이 집결하는 '명동입구' 정류장에 잘못 설치된 표지판 때문이라는 것이 중론이다.

원래 이들 표지판은 업체마다 난잡하게 설치한 안내 표지를 시가 통합·관리하는 한편, 버스별로 정차 위치를 특정 지점으로 확정해 승객들이 노선별로 줄을 서도록 만들어 보행 동선을 정비하기 위한 작업의 결과였다. 취지는 좋았다. 그러나 좋았던 것은 취지뿐이었다.

광역버스들은 자신에게 할당된 표지판 앞에서만 정차해야 했다. 그래야 승객들이 버스를 따라 움직이는 일이 최소화된다는 이유에서다. 그러나 그에 따라 버스들은 그 앞이나 뒤 버스와는 무관하게, 설정된 정차 위치로 끼어들어 승객을 태워야 했다.

승객들의 편의를 높이려다 버스 사이의 교통 흐름만 꼬였다. 앞에 정차한 버스가 승객을 태울 때까지 2~3분만 기다리면 끝나는 일이 아니었다. 어떤 차는 2차로에 서서 승객을 태워 뒤차의 앞길을 막기도 했다. 200미터 뒤편에 있는 정류소에서 출발한 시내버스가 통과할 차로도 좁아졌다. 행렬에 끼어든 승용차까지 함께 꼬여 결국 시간은 배 이상 걸리고, 버스 한번 타려면 한 시간은 기다려야 하는 사태가 벌어지고 만다. 무언가 잘못되었다고 인지한 시민들은 언론 제보를 넣고, 거의 모든 언론이 현장을 주목하며 많은 사람들에게 화제가 되기에 이른다.

당신은 이 대란을 보며 무엇을 느꼈는가? 버스 정류장에서 버스를 하염없이 기다리던 자신의 기억을 떠올리며 분통을 터뜨렸을 수도 있다. 한편으로는 대기 한 시간이라는 보도가 사실이라면 아무리 지옥철이라도 도시·광역철도로 발길을 돌리지 않은 이유는 무엇이냐는 생각도 가능할지 모른다. 오죽 사람이 많고, 정류장 표지가 난잡했으면 그랬을지에 대해서도 생각이 닿았을 수 있다.

명동입구 정류장에서 단 200미터 남쪽으로 내려가면 있는 롯데영프라자 정류장 상황도 별반 다를 바 없다고 느끼는 시민, 명동입구 정류장에 늘어선 사람들과 애플스토어의 유리벽 사이를 비집고 좁은 보행로를 뚫으며 힘겨워했던 보행자, 버스가 막힌 덕에 덩달아 정체에 고통받는 승용차 이용자. 오늘의 명동만 놓고 생각하더라도, 이토록 많은 사람들이 길에 대해 서로 다른 생각을 하고 있다.

시야를 과거로 넓혀 보면 이야기는 전근대까지 올라간다. 남대문에서 명동에 이르는 길은 적어도 전차電車, tram 시대, 아니 도보 시대부터 서울의 중심으로서 워낙 복잡했던 길이다. 남부 지역과 한강에서 올라온 통행량이 집중되는 남대문에서 시작해 종로를 잇는 축이 바로 이 길이었기 때문이다.

1960년대 전차 시대가 마감되고 지금의 시내버스가 교통의 주력이 되자 이 도로는 서울 동북, 서북 및 당시의 서울 남측을 잇는 버스들이 관통하는 도로가 되어 혼잡해졌다. 지금도 롯데영프라자 정류장의 시간당 배차량은 약 140대(22개 노선)에 달하며, 이는 노변 버스정류장의 최대 용량(시간당 약 50대, 연속류 기준)의 3배 수준이다.

1970년대에는 제3한강교, 경부고속도로, 남산 1, 3호 터널이 차례로 구축되면서 경부고속도로와 강남 방향에서 남산을 통과해 서울로 진입하는 자동차 교통량이 명동 일대로 쏟아져 들어오기 시작한다. 이들 차량을 수용하기 위해 남대문로는 물론, 이 도로에서 시청과 광화문 방면으로 직결하는 소공로 역시 도보의 너비 따위는 상관 없이 차로를 위주로 정비되기 시작한다. 소공로의 도보를 넓히려면, 아마도 명동 롯데·신세계 타운과 조선호텔을 드나드는 귀빈들도 모두 대중교통을 기꺼이 이용하는 날이 와야만 할 것이다.

다행인 것은 1980년대 이후 서울 시내에 도시철도가 늘었다는 사실이다. 서울의 서부와 동부의 새 개발지에서 명동으로 진입하는 새로운 통행량은 새로운 버스 노선이 아니라 도시철도 2호선으로 흡수된다. 옆의 지도에서 볼 수 있듯, 이들 지역에는 명동 직결 버스가 없다. 그러나 명동과 서울 도심의 영향권은 시계 밖으로 점점 더 넓어진다. 1990년대 이후, 경부고속도로를 따라 분당을 필두로 하는 수도권 동남권의 신도시들이 점점 늘어났던 것이다. 이들 도시에서 도심으로 연결되는 가장 빠른 길은 바로 남산 1, 3호 터널이고, 이 길의 북측 길목이 바로 명동이다.

2000년대 이후 강남까지 오는 철도는 점차 보강되었지만, 강남행 버스도 지금 건재하는 이상 직결 철도가 없는 도심 방면 광역버스는 계속해서 영업할 수밖엔 없었다. 오히려 용인 일대의 난개발, 동탄 등의 2기 신도시를 거치며 이들 지역에는 광역버스가 점점 더 증식해갔다. 세월호 사고를 계기로, 안전 문제에 대한 민감도가 올라가며 이들 광역버스에서는 2014년에 입석이 잠시 금지되기도 했다. 2018년 설치된 대도시권광역교통위원회는 기존 광역버스에 더해 기점 정류장 인근 5~6개에서만 정차하고 나머지는 고속도로를 이용하며 입석이 없는 M버스를 운영해 광역버스의 허점을 줄이고

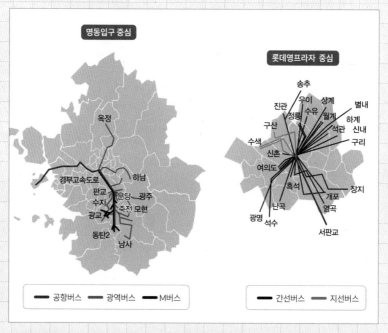

남대문로를 남에서 북으로 통과하는 버스 노선 전체의 모식도. 좌측은 광역, 우측은 서울 시내

자 했다. 이 과정에서 광역버스는 더욱 늘어났는데, 명동입구 정류장의 경우 M버스가 약 30퍼센트(33대)이다.

역간 거리가 멀고 역의 심도가 깊어 열차를 타러 갈 때는 물론 내려서도 긴 마찰시간을 감수해야 하는 GTX A든, 그나마 GTX A보다 마찰시간이 적은 신분당선의 도심 연장이든, 이들 노선망을 크게 대체하기는 어렵다는 것을 지도는 보여준다.

스냅 숏의 측면에서든, 과거부터 누적된 시간의 측면에서든, 이 모든 이야기는 우리의 길이 판도라의 상자와 같다는 걸 보여주는 것 같다. 뚜껑을 열자 예측하지 못했던 문제들이 스프링처럼 머리를 내밀고 튀어오른다. 버스 대란은 전근대 서울의 교통망에서 신도시 개발까지 이어지는 겹겹이 쌓인 여러 문제 위에 나온 빙산의 머리 부분이었다. 사람들은 빠른 대책을 원한다. 하지만 그런 획기적인 해법 같은 것은 어디에도 존재하지 않는다. 빙산이 깎여 나가도 그 아래에는 90퍼센트의 거대한 얼음이 남아 있을 것이고, 거대도시의 시민들 중 다수는 이 얼음에 걸려 오도 가도 못할 것이다.

이처럼 빙산에 걸린 듯한 상황은 20년 넘게 지옥철과 버스를 갈아타며 쌓여온 내 불만, 피로와도 닿아 있다. 나는 내 일상을 지배하는 이 교통 지옥의 정체가 궁금했고, 10여 년간 많은 시간을 들여 교통 지옥의 정체를 알아내기 위해 도시와 철도를 분석했다. 교통 문제를 생각하면 솔직히 막막하다는 감정이 가장 크다. 그렇지만 나는 그럼에도 우리의 길, 판도라의 상자 바닥에서 튀어나가지 않고 남은 희망을 들어 여러분에게 보여주고 싶다. 답이 막막한 문제라 할지라도 그것이 꼭 맞물려 있는 복잡한 맥락을 확인하고, 최악의 경우를 염두에 두고서 모두가 동의할 수 있는 해법을 차근차근 찾아 나갈 수 있다는 사실. 그것만이 희망이다.

그리고 나는 그 희망의 그림자를 매일매일 이동하는 사람들의 마음에서, 그리고 그 마음이 이해할 수 있는 이동 기계의 작동 속에서 찾는다. 그런 생각으로 정희원과 편지 교환을 시작했다. 철도에 미친 나와, 사람들의 '가속노화' 방지에 미친 정희원은 서로의 차이 속에서도 수많은 공통점을 확인했다.

정희원은 지금의 대한민국을 지탱하고 있는 사람들이 왜 삶 속에서 건강하지 않은 선택을 할 수밖에 없는지를 문제의 출발로 보았다. 거대도시민이 가지고 있는 삶의 지향점과 가처분 시간, 그리고 소득이 만드는 복잡한 방정식 속에서 우리가 이동에 쓰는 시간과 노력이 차지하는 비중을 고민하고 있었다. 오늘의 이동이 얼마 가지 않아 지속가능하지 않게 되리라는 것을, 그럼에도 별일 없는 것처럼 자동차 지배가 이어지고 있는 오늘의 교통 상황을 안타깝게 지켜보던 나는 그와 함께 이야기를 계속해보고 싶었다. 이런 이야기조차 없다면, 답 없이 늘어선 정체 행렬을 풀고 지옥철을 쾌적하게 만들어 기후 걱정 없이 시민들이 이동할 최소한의 방법을 찾을 길조차 없을 것이기 때문이다.

그렇게 우리는 거대도시 속 교통과 이동에 대해 이야기를 나누기로 했다. 각자가 늘 겪는 출퇴근길 상황, 그 자체를 직시하는 걸 시작으로 말이다.

편지를 열며 • 전현우      *4*

✈ 첫 번째 편지

## 오늘의 출퇴근길

눈앞에서 버스를 놓친 어느 출근길 • 전현우      *14*

퇴근길에 이동성을 떠올리다 • 정희원      *21*

✈ 두 번째 편지

## 이동할 권리를 위하여

빠름과 느림의 허상 • 전현우      *32*

이동성, 결국 삶의 문제다 • 정희원      *41*

✈ 세 번째 편지

## 환상을 파는 자동차 산업

도로는 어쩌다 편안한 지옥이 됐는가 • 정희원      *52*

운전면허 없는 남자 • 전현우      *61*

✈ 네 번째 편지

## 철도, 결핍에서 찾는 희망

철도에 해답을 구하다 • 정희원      *70*

철도가 정말로 해답이 되려면 • 전현우      *76*

✈ 다섯 번째 편지

## 잃어버렸던 걷기를 찾아서

거대도시 속에서 걷기 • 전현우      *90*

걷기, 이동과 운동의 접점에서 • 정희원      *96*

✈ 여섯 번째 편지

## 여행 이야기

휴가철의 여행 • 전현우　　　　　　　　　　　　　108

일주일간의 일상 여행 • 정희원　　　　　　　　　　115

✈ 일곱 번째 편지

## 기후 위기 속 이동의 문제

올여름 지구는 불타고 있다 • 정희원　　　　　　　124

왜 혼잡 통행료는 낯선 이야기일까 • 전현우　　　　131

✈ 여덟 번째 편지

## 시야가 넓어져야 문제가 보인다

편협한 개인의 시야를 넘어 • 전현우　　　　　　　144

교통인가, 고통인가 • 정희원　　　　　　　　　　　159

✈ 아홉 번째 편지

## 이동의 미래를 생각하며

우리 동네에서 '차 없는 날'을 진행할 수 있을까 • 전현우　　170

'민족 대이동'을 바라보며 미래를 고민하다 • 정희원　　186

정희원 × 전현우  대담

우리의 이동은 왜 지옥 같을까?　　　　　　　　　200

편지를 마치며 • 정희원　　　　　　　　　　　　　222

# 오늘의

'오늘도 무사히.' 길 위에서, 자신의 길을 찾아 이동하는 수많은 사람들은 과연 오늘도 무사히 하루를 시작하고 마무리할 수 있을까?

# 출퇴근길

우리는 매일 끊임없이 이동하며 살아간다. 많은 이들이 이동의 문제로 고통받고, 아프고, 건강을 잃어가기도 한다. 나와 함께 이 길에서 고통받는 많은 이들도, 이 고통이 즐거워서 이 길을 택한 것은 아닐 것이다. 살기 위해서는 이동해야 한다.

# 눈앞에서 버스를 놓친 어느 출근길

### 전현우

2023년 6월 2일

하루를 마무리하며 노트북을 연다. 오늘도 차 안에서 하루를 열고 하루를 닫는다. 오늘은 이동 시간만 다섯 시간쯤 되는 것 같다. 수도권 밖으로 출장을 가지 않았던 것이 그나마 다행일까? 경인선 급행열차, 시내버스, 도시철도, 광역버스, 걷기, 뛰기, 심지어 공유자전거까지. 온갖 탈것들이 오늘도 내 삶을 가로지른다.

하루에도 온갖 수단을 바꿔 타면서 네댓 시간 동안 100킬로미터씩 움직이는 이 경험. 조금 길긴 하지만, 오늘의 도시를 사는 모두의 경험과 통한다. 새로운 사람과 만날 때 이동 수단보다 이야기하기 편한 주제는 없지 않던가? 여기까지 어떻게 이동해 왔냐는 질문에 누구나 자신이 방금까지 걸어온 대장정에 대해 들려줄 수 있을 것이다. 특히 조금 늦은 사람은 할 말이 더 많을 테다. 그가 10분 늦은 건 분명 이동 과정이 울퉁불퉁한 덕이었을 테니. 몇 마디 유도하면 그는 분명 자신의 이동을 망친 요인을 늘어놓고 한바탕 불만을 퍼부겠지.

편리하고 쾌적한 이동 경험은 도시에서는 기대할 수 없는 일이다. 그것은 제아무리 고급 승용차라도 보장할 수 없는 일이다. 도시는 혼잡하고, 시끄럽고, 예측 불가능한 곳이니. 거대도시에서는 조용한 새벽을 달리는 도로조차 때로는 밀리기도 하고, 제정신이 아닌 듯 행동하는 일부 사람들이 길을 막거나 아예 사고를 일으키는 경우도 심심찮게 벌어진다. 자가용으로 탱크를 몰고 다닌다고 해도 이런 일들을 막기엔 역부족이다. 기능 고장으로 탱크가 멈춰 서지나 않으면 다행일 것이다.


## 두 시간의 대장정

이런저런 몽상 속에 선잠을 자고 일어난 날, 서울시립대에 회의가 잡힌 날이다. 인천에서 편도로 50킬로미터. 무슨 수를 써도 두 시간이 걸리는 이 길에 나서기에 앞서 가져야 할 감정은 겸허함이다. 집 앞 정류장에서 20~25분 간격으로 오는 버스의 도착 시간, 평시에 비슷한 간격으로 벌어지는 급행열차 시간을 맞추는 것부터가 문제이다.

샤워를 마치면 버스 시간부터 살핀다. 버스를 놓치면 20~30분이 날아간다. 다행히 오늘 버스는 15분 뒤에 온다고 한다. 그렇지만 어

찌든 일인지, 내가 탈 버스는 대체로 도착 예정이 15분 뒤라면 실제
론 10분 이내로 정류장에 들어온다. 이게 좋은 일인지 나쁜 일인지
생각할 겨를 따위는 없다. 그날 입어야 할 옷을 고르고, 지금 작업 중
인 연구에 꼭 필요한 읽을거리를 기억해내서 책과 논문 더미 사이에
서 찾아내고, 펜 두어 자루나 그외에 필요한 필수품을 챙기기에도 시
간은 부족하다.

회의에 이어 오후에는 강연도 있다. 강사가 아무렇게나 입고 가면
안 되니 거울이라도 한번 다시 들여다본다. 아차, 오늘은 태양이 쏟
아져 내릴 것같이 환하다. 선크림을 바르지 않고 바깥을 돌아다니면
피부가 벌겋게 익어버린다. 구석에서 크림을 찾아내 바르다보니 진
한 색 재킷에 크림이 쏟아져 주르륵 흐른다…… 손수건은 어디 있
는지 알 수가 없다. 일단 떠나지 않으면 30분이 사라진다. (꼭 이럴
때면 뒤차는 (버스 앱 정보에 따르면) 41분 뒤에 도착한다!) 가방 속에 불
필요한 물건이 있는지 체크할 시간 따위 없었던 덕에 결국 가방은
거대해져 있다. 현관을 나서며 어깨끈을 당기지 않을 수 없다.

모퉁이를 돌며 내가 탈 버스 시간을 다시 확인해본다. 3분 뒤 도
착! 방법이 없다. 뛰어야 한다. 아랫배에 힘을 주고 전력으로 뛴다.
다행히 주차장에 차가 많이 빠져서 대각선으로 가로질러 뛰었다.
아, 그렇지만 가로수 사이로 버스가 한 대 정차하는 것이 보인다. 타
는 사람도 때마침 없는 듯하다. 부릉…… 결국 떠나고 만다. 역으로
가는 다른 버스도 20분 뒤에나 올 것이다.

오늘도 시작을 망친 것 같다. 뭘 잘못했을지 생각하는 건 사치. 다

른 수단을 찾아야 한다. 500미터 떨어진 근처 사거리 정류장의 도착 정보를 뒤진다. 다행히 여기는 뛰어가면 겨우 탈 수 있을 것 같다. 벌써 땀범벅이 되었지만 아침부터 택시를 타고 탄소를 뿜으며 동네를 벗어날 수야 없다. 타야 할 버스가 나와 함께 사거리의 신호를 기다릴 때보다 가슴 졸이는 순간도 없을 것이다. 아, 다행히 내가 먼저 신호를 받아 무사히 탈 수 있었다. 삑, 카드 소리가 경쾌하다. 때마침 교통 흐름을 한눈에 볼 수 있는 앞문 바로 뒷자리가 비었다. 앉아서 가쁜 숨을 돌린다.

지글지글 지표면을 달구는 햇빛 아래를 달리던 버스는 이내 고속도로에서 나오는 차, 재래시장 앞길에 아무렇거나 주차된 차, 재개발 지구의 좁은 길로 비집고 들어가는 차들 사이로 뒤섞여 들어간다. 마의 구간. 버스는 시속 한 자릿수로 이 구역을 달린다. 안 그래도 둔중한 버스는 이제 승용차 사이에 갇혀 옴짝달싹하지 못한다. 대체 저 차는 왜 지금 끼어들까, 이 차는 왜 하필 저런 데 주차를 했을까…… 버스 기사와 나는 계속해서 후, 하는 한숨만 쉴 뿐이다. 이렇게 차가 밀린다면 버스 전용차로를 설정하는 게 순리가 아니냐는 생각이 들지만 그게 가능했다면 길이 이럴 리가 없겠지.[1]

서울 바깥에는 아직 버스 중앙차로가 드물고, 영동고속도로의 버스 전용차로는 승용차 사용자들에게 혐오의 대상인 이상, 상황이 변

---

**1**    버스 전용차로는 시간당 150대가 통과해야 설정할 수 있는데, 내가 주로 다니는 길은 대부분 이 기준에 미달한다.

하긴 어려울 것이다. 편도 2차선 도로의 2차로에 정차한 차량, 그리고 공사를 벌이는 차량 옆을 느릿느릿 지나자 그나마 차로가 뚫린다. 곧 역이다.

다행히 오늘은 늘 타던 급행열차 시간보다 6분쯤 먼저 도착했다. 이 정도면 역사驛舍 내 매점에서 어묵 하나 먹고 승강장 위 매점에서 커피도 살 수 있다. 그래도 나쁘지 않은 하루의 시작이라 자축하며 승강장으로 내려서니 매점 문이 닫혀 있다. 아아, 장탄식이 흘러나온다. 한 시간 가까이, 카페인 없이, 그것도 아침 시간에 집중력을 발휘해야 하니까.

상대적으로 사람이 적은 끄트머리 칸에 자리가 보인다. 오늘은 영어 보고서 하나를 살펴봐야 한다. 남은 자리에 엉덩이를 디밀고 걸터앉아 가방에서 구겨진 보고서를 꺼낸다. 보고서 이곳저곳을 뒤적거리면서 요지를 파악하고 빠르게 읽어 내려간다. 그래도 자리에 앉은 덕에 구로까지는 사람들이 밀물처럼 들어차고, 신도림부터는 썰물처럼 빠져나가는 것도 모른 채 읽을 수 있었다.

오늘따라 열차는 거의 정시 운행중이다. 철도 예매 앱을 열어 용산에서 청량리까지 가는 'ITX 청춘 열차'를 예매한다. 이러면 다음 전철을 기다리는 것보다 10분 정도는 당길 수 있다. 계단을 오르락거리며 열차를 갈아타면, 두 시간에 가까운 대장정이 이제 막바지에 접어든다. 내 옆을 휘감아 도는 강변북로와 한강을 바라보는 이 순간, 오늘 참석할 회의가 저 하늘의 뭉게구름처럼 평온하게 진행되길 바라는 마음만 남는다.

## "오늘도 무사히"

이 모든 과정을 이루는 크고 작은 무수한 사건들이 한데 엮여 나를 50킬로미터 떨어진 지점까지 실어나른다. 내 근육 운동과 신경 신호는 물론, 집 안과 가방 속의 수많은 사물들, 휴대전화와 연결된 정보 시스템, 어제와 오늘 동료 운전자들이 내린 판단, 버스와 열차를 공유하는 동료 승객들의 움직임, 교통기관 노동자들의 노동, 차량의 동력 기관, 차로와 주차 공간은 물론 철도 시각표와 매점까지 설정하는 제도, 버스와 열차를 지지하는 노반 기술, 운임을 지불하는 결제 시스템, 사람들을 모았다가 흩어놓는 건축 설계, 이 모든 것들 옆에서 유유히 흐르는 강물과 구름…….

이들에 대한 분해와 분석은 아마도 무한히 이어질 수 있을 것이다. 무심히 내딛는 발걸음 하나조차 무수히 많은 것들과 복잡하게 엮여 있다. 그리고 이 복잡성에 조명을 비춰보았던 내 이야기가 단순한 장광설에 불과하지 않다는 사실은 길을 다니는 사람 모두 알고 있을 것이다. 당신의 일상, 당신의 과거와 미래, 당신을 둘러싼 사회, 나아가 당신이 담겨 있는 물질 세계까지, 이동은 변화를 거듭했고 또한 지금도 변화하고 있다.

이런 상황에 늘상 맞서는 우리의 모습은, 마치 옛 운전기사들의 달력에 단골로 등장하던 그림 속 아기 사무엘과 닮은 듯하다. 레이놀즈의 그림 〈아기 사무엘The Infant Samuel〉은 사무엘이라는 예언자가 어린 시절 아직 어찌할 수도, 이해할 수도 없는 신의 목소리를 처

조슈아 레이놀즈의 〈아기 사무엘〉. 영국 런던 테이트모던
미술관 소장

음 직면하는 장면을 화폭에 옮긴 작품이다(《사무엘상》 3장). 정체불
명의 목소리를 접한 사무엘의 당혹스러움이 버스를 놓칠 줄 모르고
길을 나서는 내 마음, 위험과 사고가 늘 도사리고 있는 길을 나서는
기사들의 마음과 겹친다면 과도한 상상일까.

아기 사무엘 아래에 "오늘도 무사히"라는 문구를 처음 적어둔 사
람이 누구인지는 모르지만, 기막힌 표현이라는 생각이 든다. 우연과
숙명이 모두 겹친 현실의 길 위에서, 자신의 길을 찾아 이동하는 이
많은 사람들은 과연 오늘도 무사히 하루를 마무리할 수 있을까? 퇴
근을 기다리며, 정희원의 답신 또한 기다려본다.

# 퇴근길에 이동성을 떠올리다

**정희원**

2023년 6월 9일

오늘은 좀 특별한 퇴근길이다. 풍납동의 병원에서 오후 다섯 시 반에 떠나 남쪽을 향한 지 세 시간째다. 여기는 중부고속도로가 경부고속도로와 만나는 남이 분기점까지 약 7킬로미터를 남겨놓은 곳이다. 생산된 지 8년이 되어 어느덧 중년을 맞고 있는 현대 쏘나타 플러그인 하이브리드의 스피커에서는 호르니스트 펠릭스 클리저Felix Klieser가 연주한 라인홀트 글리에르Reinhold Gliere의 〈호른을 위한 네 개의 작품4 pieces for horn and piano, op.35〉이 흘러나오는 중이다.

출발한 때로부터 지금까지의 평균 속력을 계산하면 시속 30킬로미터 정도가 된다. 석가탄신일 연휴를 앞둔 5월의 금요일 저녁. 고속도로가 막히지 않을 것이라고는 상상하기 어려운 조건은 다 갖춘 시각에 나는 왜 중부고속도로에 갇혀 있는 것일까?

양방향이 모두 꽉 막혀 있는 모습이, 퇴근길 러시아워의 한남대

교 근처 올림픽대로를 떠올리게 한다. 앞으로 가득 쌓인 브레이크 등을 바라보며, 먼저 중부고속도로에 대한 평소의 생각을 떠올리지 않을 수 없다.

대전 카이스트에서 박사 과정을 공부하던 시절, 거의 매주 주말이면 아들과 아내가 있는 부천의 집으로 갔다. 첫 번째 선택지는 기차(고속철도와 새마을호, 무궁화호 등), 두 번째 선택지는 버스, 세 번째 선택지는 자동차였다. 물론 기차가 가장 편리하고 친환경적이지만, 금요일 저녁 상행 표를 구하는 일은 매사에 눈치가 없고 준비에 치밀하지 못한 나로서는 쉽지 않은 일이었다. 세종시를 비롯한 전국 각지에서 주중의 근무를 마치고 서울로 향하는 수많은 이들과 경쟁해야 하는 처지였다. 버스는 기차보다는 사정이 나았지만, 사람들이 몰리는 퇴근시간의 서울행 표는 역시나 귀했다. 사실 고속버스를 타고 서울에 도착한다고 여정이 끝나는 것도 아니었다. 목적지는 부천이었으므로, 버스를 타게 되면 지하철 7호선으로 갈아타 한 시간가량 더 가야 한다는 문제도 있었다.

그러던 중 2016년 여름, 나는 우연히 전기차(현대 아이오닉 EV)를 구입한다. 정말 우연이었다. 평소 차량의 온실가스 배출 문제에 관심이 많았던 차에 2014년 미국 단기연수 기간 동안 테슬라 모델 S를 시승할 기회가 있었다. 그때의 경험 이후 2015년 구입한 차량이 쏘나타 플러그인 하이브리드였다. 완속 충전을 하면 공식적으로는 44킬로미터, 잘 운전하면 60킬로미터 이상까지도 순수 전기차처럼 몰고 다닐 수 있었다. 차량의 잔고장을 수리하려고 대전의 현대서비스센터에 들렀는데, 하이브리드 차량과 전기차 수리를 담당하는 하이테크 팀의 팀장이 나에게 순수 전기차에는 관심이 없는지 물었다. 나중에 알고 보니 카이스트에 근무하는 사람 중에 출고 1호차를 받을 주인공을 찾고 있던 것이었다.

당시 아이오닉 EV의 공식 주행가능거리는 191킬로미터. 대부분의 사람들이 이렇게 조금밖에 못 가는 차를 어떻게 타냐고 생각하던 시절이었다. 하지만 우리나라 전기차 주행가능거리 산정 방식이 워낙 박하다는 것을 알고 있었고, 쏘나타 플러그인 하이브리드를 운행하면서 공식 주행가능거리보다 실제 주행가능거리가 30퍼센트 이상까지도 나온다는 것을 실감한 터라 내 생각은 조금 달랐다. 잘 타면 240~250킬로미터까지도 탈 수 있으리라 추측했는데, 이후 아이오닉 EV를 장기간 보유하면서 경험으로 확인한 사실이기도 했다. 게다가 '반자율' 주행보조장치까지 달려 있었다. 당시에는 최고급차에서만 볼 수 있던 기능인데, 전기차에는 전격적으로 탑재된 것이다. 이 정도면 대전과 수도권을 오가는 데에 안성맞춤이라고 생각했다.


## 이동성을 빼앗긴 우리의 일상


이때부터 금요일 저녁, 온갖 고속도로와 국도를 전전하는 일이 시작되었다. 그중 중부고속도로는 세 가지 특징이 있다. 첫 번째, 중부고속도로를 타면 전기차 충전을 무료로 할 수 있던 시절이 있었다. 중부고속도로 휴게소들에는 매우 오래된 한국전력 전기차 급속 충전기가 있었는데 2017년 초까지 무료였다. 매우 실험적인 개념으로 설치된 것이었다. 당시에는 전기차 충전기가 있는 휴게소도 드물었지만, 차량 대수 자체가 적어서 지금보다 오히려 급속 충전을 하기 쉬웠다. 무료 충전이라는 커다란 이점 때문에 상당 거리를 돌아가는 동선이었는데도 경부고속도로 대신 중부고속도로를 선택하는 경우도 있었다.

물론 지금은 무료가 아니거니와, 나의 아이오닉 EV는 현재 우리나라에서 표준이 아닌 '차데모CHAdeMO'라는 충전 방식이라 이젠 고속도로를 달리기조차 쉽지 않다. 새로 생긴 충전기들은 대부분 차데모 소켓을 지원하지 않기 때문이다. 최근에는 아이오닉 EV를 타고 수도권을 벗어난 적이 없는데, 집에서 완충을 마친 이 차가 충전 없이 귀환할 수 있는 곳까지만 움직이기 때문이다.

두 번째와 세 번째는 중부고속도로 주요 구간이 왕복 4차선이라는 사실과, 고저의 기복이 많다는 지형적 특성에 기인한다. 주로 오르막이 시작되는 시점에 시속 61킬로미터인 트럭이 (조금 더 과적했을 가능성이 큰) 60, 59, 58킬로미터로 느려지자 이를 추월하려는 차량이 1차선으로 급히 차선 변경을 시도하면서 벌어지는 도미노 현상이 생긴다. 그 결과 바로 뒤차부터 연쇄적으로 브레이크를 밟기 시작하면서 감속의 파동이 생기며 지·정체 구간이 생성된다. 흔히 유령 정체Phantom jam라고 말하는 현상이다. 고갯길이 하나 나올 때마다 정체 구간이 하나씩 발생하며, 그 구간을 하나씩 지날 때마다 예상 도착시간은 하염없이 늘어나는 것이다.

두 번째 특징인 유령 정체는 특정한 이유 없이 발생하는 교통 정체 현상을 가리킨다. 고속도로처럼 차량 흐름이 원활해야 하는 곳에서도 나타나는 유령 정체는 아주 사소한 변화에서 시작된다. 예를 들어 한 차량이 브레이크를 아주 살짝 밟거나 갑자기 차선을 변경하면, 뒤따르는 차량들의 감속은 연쇄적으로 다른 차량에 영향을 미치며, 결국에는 교통 흐름이 눈에 띄게 느려지거나 완전히 멈춘다.

이는 복잡적응계complex adaptive system 개념으로도 설명이 가능하다. 도로 위 차량들이 각기 독립적인 행위자agents로 작용하면서 복잡한 패턴을 형성하는 과정으로 볼 수 있으며, 마치 나비 효과처럼 미세한 감속 행위가 복리 효과를 만들며 대규모의 감속으로 전파되는 비선형적 악순환이 나타난다.

마지막 세 번째 특징은 '차량 더미'가 형성되는 일이다. 고갯길도 아니고 저속 차량이 추월을 시도하는 경우도 아니며 교통량이 많지도 않은데 평균 통행 속도가 슬슬 느려지는 현상이다. 내비게이션에서도 교통 정체가 확인되지 않는 상황이다. 이때 좌우로 조금씩 추월을 시도하며 '차량 더미' 앞으로 빠져나가면 그 앞에는 길게는 1킬로미터 넘도록 차가 한 대도 없는 경우가 있다. 대부분 1차선에서 정속 주행하는 차 한 대가 길을 막고 있다. 체감상 과거 모 회사에서 판매한 CVT(연속 가변 변속기)를 탑재한 차량들이 많았다.

아무튼 이 특징들 때문에 중부고속도로는 웬만하면 심하게 막힐 가능성이 높다. 이런 정체들이 합쳐지면 전 구간이 내비게이션에서 보이는 '빨간 길'이 되어버리고 이 '빨간 길'은 이동의 고달픔을 배가시킨다.

이러한 교통 정체를 물의 세 가지 상태인 고체, 액체, 기체에 빗대어 설명하기도 한다. 교통이 매우 원활하고 차량 밀도가 낮으면 기체 상태로 볼 수 있다. 차들이 상대적으로 빠르고 자유롭게 움직이며, 차량 간 거리도 멀다. 마치 기체 상태에서 분자들이 자유롭게 움직이고 서로 간의 거리가 먼 것과 유사하다. 이 상태에서는 멀리 있는 앞차가 느리게 운전하거나 갑자기 브레이크를 밟아도 유령 정체가 생길 가능성이 낮다.

여기서 교통량이 더 늘어나면 액체 상태와 비슷해진다. 차량들은 비교적 일정한 속도로 움직이며, 차량 간 거리는 가깝지만 여유 있는 편이다. 액체 상태에서의 분자들이 서로 인접해 있지만 상대적으로 자유롭게 움직일 수 있듯이, 차량들도 일정 속도와 간격을 유지하며 달린다. 통상적으로 도로의 시간당 처리 능력은 액체 상태(시속 30~40킬로미터)에서 가장 크다고 알려져 있다.

하지만 처리 능력이 부족한 상태에서 공연히 브레이크를 한 번 밟는 등의 방아쇠 이벤트가 발생하면 금세 도로는 고체 상태로 변한다. 고체에서 분자들이 밀접하게 배열되어 움직임이 제한적인 것처럼 차량들도 서로 가까이 붙어 움직이기 어려운 상태가 되는 것이다. 완전한 고체 상태에서는 도로의 시간당 처리 능력도 0에 수렴하게 된다.

도로가 쉽사리 고체 상태로 변하는 이유는 도로의 예비 용량reserve

capacity이 부족하기 때문이다. 예비 용량이란 도로가 처리할 수 있는 최대 교통량에서 실제 현재 교통량을 뺀 여유 분량인데, 금요일 저녁이나 연휴 전날의 중부고속도로는 실질적인 예비 용량이 0에 가깝다. 자연히 사고 발생 가능성도 커지며, 사고가 일어나면 정체는 악순환을 거듭한다. 교통 정체의 동역학에는 이력 현상hysteresis도 존재하는데, 이는 시스템이 이전의 상태나 조건에 따라 영향을 받는 현상이다.

얼음을 따뜻한 아랫목에 둔다고 곧바로 녹지는 않듯이, 한 번 굳어버린 도로는 그 원인을 제거하더라도 교통 상황이 원래대로 돌아가려면 상당한 시간이 걸린다. 결과적으로 주요 정체 구간은 밤 10시가 넘어 차량 유입이 현격히 줄어도 완전히 풀리지 않는 경우가 허다하다.

'부족한 예비 용량'. 나와 전현우가 앞으로 다룰 우리 사회의 이동에 관한 전반적인 문제들은 어쩌면 결국 여기서 비롯되는지도 모른다. 입시 지옥, 수강 신청 전쟁, 기차표 오픈런, 출퇴근 지옥, 소아과 오픈런, 아파트 영끌, 생존을 위한 극심한 투쟁, 여기저기서 하이빔과 경적이 난무하는 정체 구간…… 여러 가지 생각에 잠긴다. 다들 지쳐 있다. 이 도로에 갇힌 이들은 모두 어디로 향하는 걸까.


## 정체에 묶이고, 공간에 묶이다

사람은 매일 끊임없이 이동하며 살아간다. 많은 이들이 이동 문제로 고통받고, 아프고, 괴로워하기도 한다. 나와 함께 이 길에서 힘들어하는 사람들도 고통이 좋아서 이 길을 택한 것이 아니다. 살기 위해서는 이동해야 하기 때문이다. 수렵-채집 사회의 사람 역시 먹고살기 위한 기본 활동을 위해 많게는 하루 15킬로미터 이상을 걷거나 뛰었다고 과학자들은 추정한다. 이들에게 이동은 휴식을 제외하면 삶의 전부나 다름없었다.

살기 위해 이동하는 것은 현대인도 마찬가지이다. 언젠가 나는 다음날 아침 저녁 연달아 있는 학회 발표로 광주에 가야 했다. 기차표 예매를 시도했지만 이런 황금연휴 주말 광주행 왕복 기차표는 인기 강좌 수강 신청과 비슷해서, 1개월 전에 최선을 다해야 구할 수 있다. 안타깝게도 강의를 부탁받은 시기는 고작 2주 전이었다. 퇴근 후 고속버스를 이용하기에도 동선이 마땅치 않은 상황. 여러 가지 시나리오를 떠올렸지만, 풍납동 병원에서 광주의 목적지까지는 차량 말고는 별다른 대안이 없었다.

오늘도 나는 이동해야 하지만 또한 이동하지 못하고 있다. 차는 정체에 묶이고, 몸은 좁은 공간에 묶인다. 움직이도록 설계된 사람은 좁은 공간에 오랫동안 묶여 있으면 좋지 않은 변화들을 경험한다. 다리가 부어오르고 집중력이 떨어진다. 근력과 이동력은 장기간 사용하지 못하면 점차 건강을 잃고 관절은 굳어간다. '모빌리티' 속에서 사는 현대인이 정작 스스로 움직일 수 없게 되는 것이다.

나에게는 작은 대응책도 하나 있다. 23년간 운전을 했고, 거의 비슷한 기간 동안 호른을 연습하며 배운 스킬인데 이 '빨간 길'에서 마우스피스를 입술에 대고 곡을 연습하는 것이다. 많은 호른 연주자들은 운전하는 두뇌와 마우스피스로 곡을 연주하는 두뇌가 잘 분리되어서, 이러한 정체 구간에서의 연습을 아주 편리하다고 느낀다. 스피커에서는 연습해야 할 곡들이 끊임없이 흘러나온다. 이렇게라도 움직이면 장거리 운전 탓에 몸이 굳는 느낌이 훨씬 나아진다. 하지만 이조차 근본적인 해결 방안은 아니다. 완전 자율주행차량이 나오면 상황은 개선될까.

중부고속도로에 갇힌 수많은 사람들처럼, 우리는 어디론가 이동하지만 우리 몸은 대개 짧은 거리는 만원인 대중교통에 낀 채로, 긴 거리는 의자에 붙어 정지된 상태를 유지한 채로 견뎌야 한다. 그 결과의 누적은 우리 몸이 진화된 바에 부응하지 못하는 이동성이다. 어깨와 엉덩이 관절은 굳어가고 엉덩이 근육은 위축되며 다리 근육들은 짧아진다. 이동의 어려움은 비록 몸에는 더욱 편안하게 바뀌었지만, 해가 갈수록 사람들로 하여금 더 이른 시기에 비만, 고지혈증 등 만성 질환을 앓게 만든다.

이동의 문제는 사회의 문제이기도 하다. 이동의 편리함을 대가로 매우 비싼 집값을 치르기도 하고, 이동이라는 이슈로 선거 결과가 좌우되기도 한다. 사람의 이동을 결정하는 것이 이동성이다. 이동에 몸을 쓰지 않으면 이동성을 잃고, 잃어버린 이동성은 자립에서 멀어진 삶을 만든다. 이동성을 잃은 어느 퇴근길, 그렇게 날은 저물어 갔다.

# 이동할 권리를

인류의 삶은 점점 더 이동에 의존하고 있다. 범람한 이동 수단이 생활의 모든 측면으로 침투해 들어온다는 자각에서 시작된 단어가 '모빌리티'이다. 이 자각을 촘촘히 쌓아 올려 우리의 이동을 반성하는 것이야말로 학자들이 해야 할 일이다.

# 위하여

건강한 성인, 노인, 장애인을 비롯한 모두에게 더 나은 대중교통 시스템을 제공하는 일은, 당장은 돈이 되지 않겠지만 길게는 큰돈을 아끼는 일이다. 이동성의 문제는 건강, 결국 삶의 문제다.

# 빠름과 느림의 허상

전현우

2023년 6월 16일

출근하면서 정희원의 퇴근길 이야기를 읽는다. 풍납동 병원에서 충북 청주 남이분기점 직전까지 평균속도가 시속 30킬로미터라고? 시속 30킬로미터라면 오늘날 교통에서는 아주 느린 속도로 취급되는 수치이다. 돈만 내면 시속 1000킬로미터로 날아갈 수 있는 시절 아닌가. 100미터를 12초에 주파하면 달성할 수 있는, 사실 인체로도 가능한 속도이니까(우사인 볼트의 세계 기록을 속도로 바꾸면 시속 37.6킬로미터이다). 중부고속도로는 제한 최고속도가 시속 110킬로미터이니, 제한 속도의 3분의 1로 달려온 아주 느린 길을 우리는 앞서 살펴본 셈이다.

하지만 배경만 조금 바뀌면 이는 엄청난 속도가 된다. 시속 30킬로미터는 도시철도, 속칭 지하철의 평균속도이니 말이다. 도시 고속도로가 갖춰지지 않은 축에서는 택시를 타도 지하철을 따라잡기 힘

## 서울의 도로 유형별 평균 주행 속도

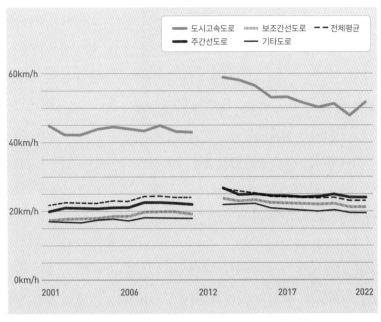

2011, 2012년의 경우 업체가 도산했으며, 2001~2010, 2013년 이후에는 같은 업체가 동일한 방법으로 계속 측정 중이다.

들다. 실제로 2021년 서울시내 도로의 평균 주행속도는 시속 23킬로미터였으며 이마저도 매년 조금씩 느려지는 추세다. 서울 시내버스는 더욱 느린 시속 18킬로미터 수준이다.

물론 지하철이 빠르다고 느껴지는 범위는 제한적이다. 서울의 반지름은 14킬로미터. 지하철이 이 거리를 가는 데 30~40분이 걸린다. 하지만 인천이나 수원처럼 40킬로미터 떨어진 지점까지 가려면 최소 1시간이 넘는다. 얼마 전 지하철 1호선의 옆자리에 앉은 아저

씨들의 잡담이 떠올랐다. 수원에서 서울 동대문까지 1시간 20분이 걸렸다며 1시간이 넘으면 너무 느린 게 아니냐는 이야기를 주고받았다. 같은 1호선 열차여서인가, 10여 년 전 천안까지 전철이 개통하자 그걸 누가 타냐는 이야기를 들었던 기억도 떠올랐다. 느릿느릿한 완행 열차, 위성도시까지 가기에는 느린 열차라는 이미지가 1호선 안에 떠다니는 듯했다.

시내에서는 빠르다고 평가받던 시속 30킬로미터의 속도가, 시계를 벗어나면 고개를 절레절레 흔들 만큼 느려진다. 물리적 속도는 똑같은데도 말이다. 차이는 극복해야 할 공간의 규모이다. 내가 역까지 버스를 타고 움직였던 거리(1~5킬로미터), 많은 사람들이 이동하는 서울 시내(5~20킬로미터), 나의 출근길 인천~서울(30~40킬로미터), 정희원의 옛 퇴근길 대전~서울(150킬로미터) 그리고 정희원의 석가탄신일 연휴 전날 퇴근길이었던 서울~광주(300킬로미터), 모두 그 규모가 지수적으로 다르다.

빠르다는 평가, 느리다는 평가는 공간을 배경으로 이루어진다. 이 공간을 얼마만큼의 시간 내에 돌파해내는지에 따라 평가는 갈린다. 하루라는 제한된 시간을 살아가는 이상, 사람은 그 시간 내에 이동을 마쳐야 한다. 이동 시간이 한 시간을 넘으면 힘들다는 평가는 바로 이 하루를 사는 사람들의 감각에 기반한다. 물론 더 긴 시간을 들여 이동할 수야 있지만 세 시간 동안, 그것도 막히는 차 안에 갇혀 있다면 진이 빠진다. 정희원은 아마도 한밤중이 되어서야 광주의 숙소에 들어설 수 있었을 것이다.

그런데 '느리다'와 '빠르다'가 모두 평가라고? 명확한 사실을 단순 보고하는 술어 같지만, 제한된 시간을 얼마나 효과적으로 활용하는 이동 방법인지, 우리는 그것을 늘상 평가한다. 효과적이라는 평가를 압축한 말이 '빠르다', 그렇지 못하다는 평가를 압축한 말이 '느리다'라고 나는 생각한다.


## 최고속도라는 물신

나는 이 평가 체계가 어떻게 생긴 것인지 서술하는 작업에 관심이 많다(첫 책의 시작 부분에서 이 문제를 논의한다). 그리고 이 관심을 적용하다 보면 늘 화가 나는 지점에 다다른다. 최고속도가 이 평가를 왜곡하는 물신物神으로 작용한다는 점 말이다. 속도가 물신으로 작용한다는 말은, 사치스러운 상품, 더 많은 돈처럼 속도라는 물리량 역시 우리 사회가 각종 비용을 들이고서라도 도달해야 하는 목적 그 자체로 숭배받는다는 뜻이다.

2023년, 평범한 사람들이 시장에서 이용할 수 있는 최고속도는 제트 항공기의 항속 속도인 시속 1000킬로미터이다. 제주도에서 서울까지 거리는 대략 450킬로미터이니, 사실 한국은 30분 생활권으로 묶여야 하는 권역처럼 보인다. 교통 기술의 미래로 간혹 제시되는 하이퍼루프도 떠오른다. 시속 1000킬로미터로 달려 서울과 부산을 20분 내로 묶어줄 거라는 장밋빛 전망의 주인공. 이들보다 느린 수단들도 한때는 '속도 혁명'이라는 민망한 수사의 주인공이었다. KTX는 시속 300킬로미터, 경부고속도로는 시속 100킬로미터를 수사의 핵심으로 활용했다. 이들을 활용해 가속화된 삶이 무엇인지를 나타내기 위해서였다.

그렇지만 이 숫자들은 우리가 언제 너무 느리다고, 혹은 언제 빠르다고 하는지 그 조건을 성찰하는 데 도움이 되지 못한다. 숫자만 이야기하더라도 결국 우리는 평균속도로 이동한다. 최고속도는 이 평균속도를 결정하는 수많은 요인 중 하나일 뿐이다. 최고속도로 달리는 차량은 길을 비롯한 수많은 사물의 지지 위에서 그 속도를 달성할 수 있다. 그리고 이 사물의 저항과 마찰 덕에 평균속도는 최고속도보다 항상 느리다. 최고속도는 이 저항과 마찰이 최소화된 극단의 조건에서, 혹은 달리는 시간의 일부분에서만 구현된다.

나는 왜 이런 물신을 문제라고 생각하고 화를 내는 걸까? 무엇보다 '빠르다', '느리다'라는 말이 일상에서 쓰일 때 묵시적으로 고려되는 많은 변수들을 반영하기에 너무 빈약한 틀이기 때문이다. 길 주변의 도시와 사람 그리고 비인간 생태계는 전혀 생각하지 않고, 길에서 일어나는 일만 놓고 봐도 그렇다. 모든 차량은 운행 과정에서 정차할 수밖에 없지 않은가? 그러나 최고속도와 평균속도가 동일하려면 중간 정차가 없어야 하고, 출발과 도착 시점의 가속도는 무한이 되어야 한다. 그러니까 최고속도는 일종의 수학적 극한값일 뿐 이동하는 전체를 대표할 수 없다.

'안전속도 5030'에 대한 일부 운전자들의 반발이 떠오른다. 앞서 말했듯 서울 시내 자동차의 평균속도는 시속 23킬로미터이고 앞으로 나아질 기미도 없다. 속도를 보장하는 올림픽대로도 시속 50킬로미터 수준이고 도시 고속도로 전체 역시 2013년부터 계속 떨어지고 있다. 극한에 불과한 최고속도를 조금 낮춘다고 평균속도에 큰 영향이 있을 리 없다. 경찰도 서울시도 확인한 사항인데, 최고속도라는 물신은 시속 50킬로미터, 시속 30킬로미터를 단순히 느리다고 평가하도록 운전자들의 관점을 왜곡해버린다.

미래 기술 개발이나 교통 투자에서 수사로 계속 이 물신이 쓰인다면 문제는 더 커진다. 최근 여러 해 동안 수도권을 들썩거리게 하는 GTX는 시속 180킬로미터라는 최고속도를 수사의 핵으로 삼았다. 고속도로의 두 배 속도이니 '속도 혁명'이라는 말도 그럴듯하다. 그렇지만 이 열차의 표정 속도(정차 시간을 포함해 계산한 평균속도)는 시속 100킬로미터이다. 사실은 무궁화호나 ITX-새마을호와 크게 다르지 않은 속도를 기록하는 수단이라는 뜻이다.

속도를 내기 위해 도시마다 한두 개 역에만 정차한다는 것도 똑같다. 경부선 무궁화호는 지금도 멀쩡히 하루에 수만 명이 이용한다(서울~천안 사이 이용객만 4만 명으로 집계되었다). 무궁화호를 잘 다듬어서 쓰면 수조 원의 건설비를 퍼붓지 않고도 필요한 효과를 누릴 수 있다는 뜻이다. 이런 내용을 풀어 책도 쓰고[2] 기고도 해봤지만, 나의 관점은 널리 퍼지지 못했다. 이제 왜 그런지 이해는 하지만

---

**2**      전현우, 《거대도시 서울 철도》, 6장 3절.

여전히 납득할 수는 없다.

## 모빌리티의 미래

물론 납득할 수 없는 부조리로 가득한 것이 세상이다. 무수한 부
조리 앞에서 홧병으로 쓰러지지 않으려면 결국 마음을 가라앉히고
관련 연구들을 찾아봐야 한다. 다행히 나만 이런 고민을 하는 것은
아니었다. 앞의 편지에서도 등장한 '모빌리티mobility'라는 단어에 그
고민이 담겨 있다. 인류의 삶은 점점 더 이동에 의존하고 있으며, 범
람한 이동 수단이 생활의 모든 측면으로 침투해 들어온다는 자각에
서 시작된 말이다.

이 자각을 촘촘히 쌓아 올려 우리의 이동을 반성하는 것이야말로
학자들이 해야 할 일이다. 이 반성 가운데, 누구나 곱씹었으면 하는
부분을 소개한다.

지금(2007년) 모빌리티의 미래를 예측한다면 다음 두 지점 사이 어딘
가에 위치하는 것으로 보인다. 한쪽 지점은 지구온난화[3]를 가속화하는
여러 피드백 순환고리들을 통해 많은 시스템과 네트워크가 붕괴하는 세

---

**3**    2007년 또는 번역(2014) 당시에는 이 말이 일반적이었다. 2019년 이후에는 말의 강도를 높
이기 위해 '지구 가열global heating'이라는 말이 널리 사용된다.

계이다. 다른 쪽 지점은 많은 모빌리티들, 특히 자동차 시스템을 통제함으로써 그리고 여러 원형 감옥 환경에서 사람들을 통제함으로써만 시스템과 네트워크가 제대로 잘 작동하는 세계이다.[4]

존 어리의 이 예측을 부정할 만한 증거 같은 건 어디에도 없다. 이 책이 나온 2007년보다 상황은 더 악화되었을 뿐 조금도 나아지지 않았다. 오히려 현실은 이런 이야기를 우습게 여기는 방향으로 흘러가고 있다.

'모빌리티'에 포함되는 이동 기계들은 많은 경우 첨단 기술을 구현하기 위해 덩치 크고 에너지를 많이 먹도록 설계되었다. 지구 가열이라는 피드백 고리를 자극하는 기계에 '모빌리티'라는 말이 수식어로 붙는다. 이동하고 있는 인류의 삶 전반을 반성해야 한다는 요구 같은 것은 모두가 잊어버린 듯하다. 아무리 생각해도 이는 '모빌리티'라는 말에 담긴 정신을 능욕하는 일 같다.

납득하기 어려운 부조리 앞에서 할 수 있는 것은 결국 상황을 똑바로 바라보고, 기록하고, 목소리를 내는 일뿐인 듯하다. 기업을 비판하고, 수동적이고 이기적인 소비자를 비판하며, 정부의 무신경을 비판하는 목소리를 낼 수도 있을 것이다.

하지만 이런 비판은 조금만 빗나가더라도 형편없이 꼰대스러운 호통이 되기 쉽다. 남의 사정도 모르는 한가한 헛소리라는 수많은

---

**4**　존 어리, 《모빌리티》, 강현수·이희상 옮김, 아카넷, 2014: 519.

비난, 오늘의 교통 문제를 풀기 위한 수많은 긴급한 요구들, 이제는 피할 길이 없어 보이는 22세기 암울한 미래의 이미지 사이를 정신 없이 오가면서, 나는 넘어지지 않기 위해 '모빌리티'라는 말 속에 흔적만 남아 있는 반성적 정신을 기둥처럼 붙잡아볼 뿐이다.

# 이동성, 결국 삶의 문제다

## 정희원

2023년 6월 23일

의학적 관점에서 사람의 이동성은 삶 그 자체라고 해도 과언이 아니다. 사람의 성장과 발달, 노화와 노쇠, 죽음은 이동성의 궤적으로 그려낼 수도 있다. 태어나기 전의 사람(태아)은 엄마의 자궁이 이동 가능한 영역이다. 이렇게 0점에서 시작하여, 점차 기어다니고

**인간의 일생에 걸친 변화를 이동성의 궤적으로 그려낸 그래프**

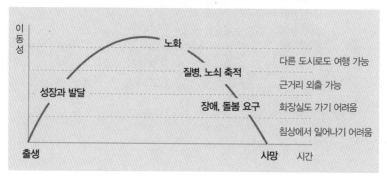

걷게 되면서 독립적인 사회적 기능 수행이 가능해진다. 그에 따라 점차 거주지를 넘어서는 지역까지도 스스로 이동할 수 있다. 노화나 질병, 환경적 요인에 따라 이동성은 다양한 궤적을 그리며 감소할 수 있다.

이동성은 신체, 인지, 정신·사회적 기능 전반과 환경적 요인의 상호 작용으로 결정된다. 치매를 앓으면 설령 신체 기능은 정상이더라도 이동성은 점차 0을 향해 수렴한다. 전반적인 기능 저하를 야기하는 주요 우울증의 경우도 마찬가지의 결과를 낳는다.

이동성 장애mobility disability를 경험하면 인지 기능이나 정서 등에는 문제가 없어도 원활한 이동이 어렵다. 노년기에는 이동성의 정도에 따라 기저귀가 필요해지거나, 간병인의 도움 혹은 요양원이 필요해진다. 사람의 내재 역량intrinsic capacity, 즉 내부적 성능 총합이

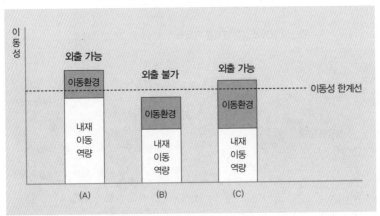

환경적 요인에 따른 인간의 이동성을 나타낸 그래프

결국 이동성을 결정하는 중요한 변수이며 여기에는 신체 기능, 인지 기능, 정서, 감각 기능 등이 모두 관여한다.

이동성을 결정하는 함수에는 환경적 요인도 들어간다. 현대의 이동성은 사람의 근력에만 의지하지 않기 때문이다. 이동 환경이 좋지 않아 지팡이를 짚어야 하는 사람이 대중교통을 이용하기 어렵다면 약간의 노쇠에도 외출이 불가능해지는 이동성 장애를 얻을 수 있다(B). 하지만 노화에 따른 여러 변화를 고려한 연령 – 친화적 설계가 되어 있다면 지금의 교통 환경에서는 도시 내의 이동 수단이 자동차로 제한될 경도 인지장애나 신체 노쇠가 있는 사람들은 대중교통을 원활히 이용할 수 있다(C).

마찬가지로, 접근성을 올바르게 고려한 대중교통 환경이 잘 조성되었다면 내재적으로는 신체 기능에 문제가 있는 사람들도 더 원활하게 이동성을 갖추게 되며, 결국 전체적인 측면에서 이동성 장애가 발생하지는 않는다. 내재 역량에 의해서만 결정되는 것은 아닌 셈이다. 이처럼 이동성은 개인적, 사회적으로 여러 요인이 갖춰졌을 때에 원활한 사회 활동을 위한 기능으로 사용될 수 있다.

## 배려와 배제 사이에서

안타깝게도, 사람의 이동을 이동성의 관점에서 천착하는 이는 우리 사회에 많지 않아 보인다. 몇 달 전, 나는 서울의 한 지하철역에서 20킬로그램가량의 바퀴 달린 짐을 다른 역까지 가져가야 한 적이 있다. 둘 다 상당히 번화한 역이었으나 내가 출발한 장소와 최종 목적지 사이에는 피할 수 없는 계단들이 꽤 있었다. 승강기가 설치된 구간도 있었지만, 그걸 이용하더라도 휠체어라면 결코 넘어갈 수 없는 계단들이 몇 칸씩 중간중간 반복되었다. 중량물은 승강기를 사용하라는 문구가 붙어 있었지만, 단 한 대만 설치된 승강기는 내가 내린 곳에서 100미터 가까이 떨어져 있었다.

지체 장애와 고령의 나이를 포함하여 어떠한 면에서든 수직 이동에 불편함이 있는 사람은 대중교통 이용에서 기본적으로 배제당하는 환경이다. 지하철에서는 노쇠한 사람이나 지체장애인을 보기 어렵다는 이야기를 종종 듣는다. 그들이 이동성을 가질 수 있는 권리를 빼앗겼기에 지하철이라는 사회적 자원으로부터 배제당했을 뿐이다.

65세 이상 인구가 환자의 과반을 차지하는 상급종합병원을 평일 낮에 방문한 사람이라면 놀라운 교통 정체와 주차난을 경험한 적이 있을 것이다. 왜 다들 자동차를 타고 병원에 오는 걸까? 일단 지하철 출구나 버스 정류장은 이런 큰 병원들과 상당히 떨어져 있어 노인이 걸어서 이동하기에는 힘들다. 또 하나의 문제는 노쇠한 어르신들이 대중교통 자체를 이용하기 어려운 환경이라는 점이다.

우리가 흔히 생각하는, 표지판에 그려진 전형적인 '노인'을 표현한 그림을 살펴보자. 허리가 굽고 지팡이를 짚은 그림 속 모습은 노인의학적으로는 '노쇠 전단계prefrailty'에 해당하며, 걷는 속도가 느려지고 신체 기능이 떨어진 상태이다. 사람마다 궤적은 다르지만 평균적으로는 70대 중반 정도에 해당한다. 여러 지병이 있고, 관절이 좋지 않으며, 걷기 힘든 노인들의 이동은 때로는 지체장애 등에 의한 이동성 장애와 비슷한 수준이다.

실제 노인의학에서는 "400미터 정도는 걸을 수 있나요?"라는 질문에 "아니오"로 대답하면 노인의학적 개념에서 이동성 장애가 있다고 분류한다. 이러한 노인의 모습을 그린 그림 주변에는 비슷한 정도로 이동이 불편한 이들도 함께 그려져 있다. 노약자석에 붙어 있는 스티커로는 이동성에 어려움이 있는 이들을 배려하는 듯하지만, 지하철이라는 철옹성을 가로막는 수많은 계단들은 애초에 이들의 이용을 상당 부분 배제한다.

비슷한 경우로, 은행의 영업이익을 높이기 위한 오프라인 점포의 폐지나 코로나19 시기 가속화된 대면 업무의 키오스크화가 있다. 다만 지하철의 경우에는 접근성 개선을 적극 추진하고 있지 않다는 책임 방기의 문제가 있다면, 후자는 이동성이 취약한 인구 집단의 접근성을(의도치는 않았겠지만) 배제하는 방향으로 나아가고 있다. 그러나 이러한 현상으로 인해 취약성 있는 사람들은 우리 사회의 여러 자원에 접근하고 활용하는 데에서 느리게 혹은 빠르게 배제되어 간다. 빠른 속도로 인구 고령화가 진행되는 우리나라의 상황에서는 매우 심각한 문제다.

# 하루 세 시간의 고통

한국의 통근 소요 시간이 선진국 최고 수준인 것은 많은 이들이 알고 있다(2016년 통계 자료). 당시 자료에서 우리나라의 출퇴근 시간은 일평균 58분이었지만 지금은 더욱 나빠졌다. 2023년, 통계청 근로자 이동행태 조사 결과, 통근자의 평균 출퇴근 소요시간은 72.6분으로 조사되었다. 게다가 수도권 직장인의 통근 시간은 매일 평균 83.2분이나 된다. 수도권 통근치고는 꽤 괜찮다고 생각할 수 있지

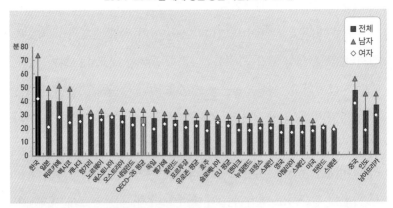

**1994~2014년 세계 평균 통근 시간(15세~64세)**

1) 오스트레일리아(2006), 오스트리아(2008~2009), 벨기에(2005), 캐나다(2010), 중국(2008), 덴마크(2001), 에스토니아(2009~2010), 핀란드(2009~2010), 프랑스(2009), 독일(2001~2002), 헝가리(1999~2000), 인도(1999), 이탈리아(2008~2009), 아일랜드(2005), 일본(2011), 한국(2009), 멕시코(2009), 네덜란드(2005~2006), 뉴질랜드(2009~2010), 노르웨이(2011), 폴란드(2003~2004), 포르투갈(1999), 슬로베니아(2000~2001), 남아프리카(2010), 스페인(2009~2010), 스웨덴(2010), 튀르키예(2006), 영국(2005), 미국(2014). 2) 오스트레일리아는 15세 이상, 중국과 헝가리는 15세~74세, 스웨덴은 26세~64세로 연령을 제한하였다.

만, 이는 서울 내의 출퇴근을 포함한 값이다.

　국토 교통부와 한국교통안전공단이 2019년 한 해 동안 수집한 교통카드 데이터를 바탕으로 발표한 경기도-서울의 편도 출근 시간은 1시간 24분, 인천-서울은 편도 1시간 30분이 소요되었다. 퇴근 소요 시간도 출근 때와 비슷하다면 하루 3시간을 이동에 쓰는 셈이다. 비슷한 관찰로, 2024년 4월(이 책의 초고를 쓴 이후 나온 자료다) 국토연구원이 내놓은 보고서에서, 우리 사회의 개인이 집을 나서 귀가할 때까지인 '활동시간'은 평균 10.3시간이며 이 중 이동 시간이 24.3퍼센트인 2.5시간을 차지했다.

　하루 24시간 중에서 일하고 자는 시간, 직장에서 보낸 점심시간 1시간을 빼면 8시간이 남는데, 이 중 반절에 가까운 시간을 출퇴근(주로 '지옥철'이나 만원 버스다)에 사용해버리면 삶의 질이 현저히 떨어질 수 있다. 2016년 잡코리아에 따르면 서울 직장인들이 꼽은 출퇴근길 최고의 스트레스는 '사람이 많아도 너무 많은 만원 버스, 지하철(22.4퍼센트)'이었다. 그 뒤를 이은 내용은 '자도 잔 것 같지 않고, 쉬어도 쉰 것 같지 않은 내 몸(21.6퍼센트)'이었다.

　경기연구원에 따르면 동일 시군으로 통근하는 직장인들의 스트레스 점수보다 다른 시도로 통근하는 직장인들의 스트레스가 약 1.4배 높았다. 경기도 직장인들의 통근시간과 행복지수의 관계를 분석한 결과, 예상대로 통근시간이 길수록 행복지수가 낮아지는 것을 확인했다(진은애 등). 해당 연구에서 경기도 통근자들은 통근시간 30분을 단축하기 위해 월 33만 원 정도의 비용을 지불할 의사가 있었는데, 이는 월평균 소득의 약 9퍼센트에 해당하는 비용이었다.

철도를 이용한 통근시간과 스트레스에 대해서 미국 코넬대의 게리 에반스Gary W. Evans 교수가 2006년에 발표한 연구를 보자. 편도 출근시간이 1시간인 사람들에 비해 2시간인 사람들은 목적지에 도착했을 때의 주관적 스트레스 정도가 유의미하게 높을 뿐만 아니라, 실제로 측정한 타액 코르티솔(스트레스호르몬) 수치 역시 현저히 높았다. 여기에 더해 출근 소요시간이 긴 사람들은 목적지 도착 시점이 되면 주어진 문서에서 오타를 발견하는 능력도 더 낮았다. 한마디로, 장거리 통근의 결과로 스트레스가 심해질 뿐 아니라 이미 인지적인 소진이 이루어져서 출근 시점의 생산성조차 현저히 낮아지는 셈이다.

하지만 굳이 이런 조사 데이터들을 읊지 않더라도, 현대 한국인들에게 길고 과밀화된 이동은 큰 고통이라는 사실을 모르는 사람은 없을 것이다. 이런 고통을 피하기 위해 많은 이들이 승용차로 출퇴근을 시도하지만 끔찍한 정체를 피할 수 없다. 스트레스는 늘어나고 몸과 마음을 돌볼 시간은 줄어드니 만성적인 이동의 고통에 시달리며 우리의 몸이 서서히 축나는 것은 당연한 일이다.

대중교통의 개선과 공급은 돈이 되지 않는 일이며, 예비 타당성 조사의 절차가 필요한 경우가 많다. 수요나 사회적 편익이 낮은 곳에 과잉 투자가 일어나는 것을 막기 위해서이다. 하지만 예비 타당성 조사에서 사람들의 스트레스 저감, 만성질환 예방, 여가 시간 확보를 통한 삶의 질 개선을 비롯한 무형적이고 간접적인 변수는 고려되지 않는다.

　대중교통 활용은 신체 활동의 증가와 관련 있으며, 잠재적으로 만성질환에 예방 효과가 있다는 연구 결과가 외국의 여러 사례를 통해 보고된 바 있다. 이동 자체를 들여다본 구체적 연구는 없지만, 만성 스트레스는 면역력을 떨어뜨리고 대사 체계를 악화시켜 복부 비만을 낳고, 식욕을 증가시키는 등 여러 가지 나쁜 결과를 가져온다. 질병과 노쇠는 이동성을 감소시키고, 다시 이동성의 감소는 질병과 노쇠를 불러온다는 미국에서의 연구도 많다. 복잡계처럼 서로 엉켜 있는 것이다.

　결과적으로 건강한 성인, 노인, 장애인을 비롯한 모두에게 더 나은 대중교통 시스템을 제공하기 위한 노력은 수백만 한국인들을 더 건강하게 만드는 일이다. 당장은 돈이 되지 않겠지만, 길게는 큰돈을 아끼는 일이다. 이동성의 문제는 결국 삶의 문제다.

# 환상을 파는

세상을 구할 것 같았던 전동화 기술은 오히려 그린카의 탈을 쓴 반환경 사치재의 추진 수단이 되어버리기도 한다. 전기차를 정말 좋아했고 지금도 좋아하는 한 지구인의 시름은 더욱 깊어만 간다.

# 자동차 산업

자동차가 팔고 있는 환상이 실제로 무엇과 연결되어 있는지 곰곰이
따져보자. 좀 더 침착하고 냉정하게 자동차를 바라볼 수 있도록 더
많은 정보와 관점을 제시하라고 책임 있는 주체에게 요구하기를.

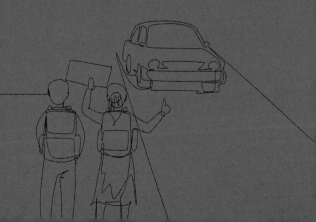

# 도로는 어쩌다 편안한 지옥이 됐는가

## 정희원

2023년 6월 30일

지금까지 살펴보았듯 우리의 이동에서 철도나 대중교통을 이용할 수 없을 때 남은 선택지는 결국 자동차다. 도로만 연결되어 있으면 언제 어디든 갈 수 있기 때문이다. 이러한 자유를 넘어 자동차에는 매우 자본주의적인 이동 수단의 특징들이 있다.

그중 으뜸은 '배제성exclusivity'이다. 내가 차지하는 도로의 공간은 나만 이용할 수 있다. 주차할 때도 그렇고, 자동차 내부 공간도 오롯이 나와 내가 허락한 이들만 사용 가능하다. 그런 측면에서 자동차 내부는 거주 공간의 연장으로도 볼 수 있다.

그렇기 때문에 주거용 부동산이 매우 비싸고, 반면에 자동차의 보유 비용은 낮은 우리나라에서 사람들이 도로나 주차 사정으로는 도저히 납득하기 어려울 정도로 큰 차를 선호하는 현상이 나타난다고 설명하는 사람들도 있다. 더 쾌적하고 편안한 것이 상품성이 되고, 더 많은 소비를 부르는 특성도 소비 자본주의의 정신적 역동과 일치한다. 반자율 주행 장치를 비롯한 수많은 편의 장비가 마케팅되고, 이들을 장착하려면 크고 비싼 차량 모델, 즉 '상위 트림'을 선택해야만 하는 경우가 많다.

언제든 자유롭고 빠르게 이동할 수 있는 나만의 공간은 그렇게 무한 증식하다가 두 가지 벽을 만난다. 첫째, 남들도 똑같이 생각하기 때문에 결국 평균 이동 속도가 낮아져 이동 수단으로서의 자동차 가치가 점차 소실된다는 점. 둘째, 자동차의 탄소 발자국은 지금의 지구가 금성처럼 뜨거워져 가는 속도에 박차를 가한다는 점이다.


## 실내로 밀려나는 사람들

자동차 좌석에 편안하게 앉아 있다 해도 예상 도착 시간이 무한히 증가되는 교통 상황에서는 움직임을 금지당한 채 다리가 부어오르는 벌을 받아야만 한다. 앞서 전현우의 지적처럼 서울의 시내 평균 통행 속도는 매년 느려지는 추세이다. 그 와중에 도로는 넓어지고 또 새로운 도로가 계획되고 건설된다.

서울은 로스엔젤레스와 비슷한 구조의 자동차 도시로 만들어졌지만 걷기나 자전거로 15분 내에 웬만한 일상을 해결할 수 있는 '15분 도시' 콘셉트와는 거리가 멀다. '직주 근접성'이 떨어지고 대중교통이 어차피 지옥인 이상 많은 사람들이 교통지옥으로 차를 몰고 나오는 것은 피할 수 없는 일이다. 그리고 이런 악순환은 지금도 반복되고 있다.

저널리스트인 헨리 그라바Henry Grabar는 최근 저서에서 사람들을 거리에서 실내로 몰아내는 도시 내 주차 공간의 상한이 전체 대지 면적의 9퍼센트 정도라고 했다. 디트로이트는 거의 30퍼센트의 시내 면적이 주차에 사용된다. 이처럼 많은 공간을 자동차에 배정하면 외부 공간에서 사람들은 자신이 이 공간의 주인이 아니라고 생각하게 되며, 결국 외부 공간에서 구축驅逐당해 실내로 들어가게 된다는 주장이다.

2014년 〈조선일보〉 기사에 따르면 당시 서울의 도로 면적은 83.6제곱킬로미터, 주차장 면적은 약 45.1제곱킬로미터(376만 461면)였다. 도로와 주차장을 합친 면적(129제곱킬로미터)은 강남 3구보다 넓고, 서울 전체(605.2제곱킬로미터)의 5분의 1 수준이다. 기사에 의하면, 서울시의 보도가 늘어나는 속도는 매우 더딘 반면 도로와 주차 면적은 빠르게 증가한다고 지적했다. 2022년 총 주차면수는 그동안 더욱 늘어나 450만 1,875면이 되었다. 자동차가 대형화되고 폐쇄적 주거 형태인 신축 아파트의 가치가 천정부지로 치솟는 이유에는 이러한 도시 환경의 기여분을 무시할 수 없다.

이처럼 거대도시의 사람들은 차량 속이나 건물 속으로 밀려난다. 사람이 탄 차량은 다시 도로를 점유하고 주차 공간을 요구한다. 이 악순환을 거꾸로 풀어내는 나라가 있으니 차량 취득 비용이 세계에서 가장 높은 나라, 싱가포르다. 차량 구입에 필요한 차량취득권리

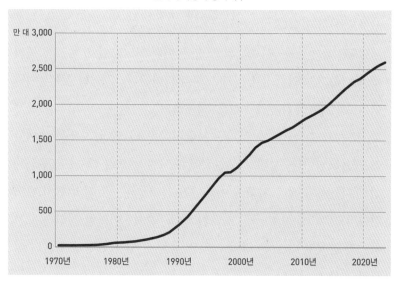

한국의 자동차 등록대수

증의 가격이 1억~1억 5천만 원이다. 심지어 평생 유효하지도 않아서 10년 후면 소멸되는 권리다. 이와 같은 강력한 억제 정책으로 인구 천 명당 자동차 등록대수가 2022년 기준 한국은 487대이지만 싱가포르는 98대에 불과하다.

차가 없어도 불편하지 않은 환경이면 된다. 싱가포르는 걷기 좋은 환경을 만들고 대중교통에 막대한 돈을 투자해 자국 내에서는 어디든 대중교통으로 한 시간 안에 도달할 수 있는 시스템을 만든다. 이는 자국인의 건강 개선을 위해 더 많은 신체 활동을 유도하는 다각적인 정책적 노력의 일환으로, 우리나라의 현실과는 상당히 대조적이다. 1966년 한국의 차량 등록대수는 5만 대였지만 2022년에는 약 500배 늘어난 2,550만 대에 달했다. 그리고 차는 매년 꾸역 꾸역 늘어나고 있다.

교통지옥에 사는 사람들의 모습은 어떨까? 더 쉽고 빠르게 뭔가를 해결하려는 인간의 심리가 그대로 나타난다. 교통 법규 3대 위반 행위로 '꼬리 물기(신호 위반)', '끼어들기', '지정 차로 위반'을 꼽는다. 모두 구조적으로 어떻게든 조금이라도 더 빨리 지옥을 벗어나려는 움직임이다. 상대방의 얼굴이 보이지 않으니 더 크고 무섭게 생긴 자동차가 작은 차를 밀어붙이거나 제압하는 일이 빈번히 벌어진다. 대형차, SUV형 차량 선호가 극에 달하는 이러한 심리는 고가 차량의 판매로 더 많은 영업 이익을 거둘 수 있는 완성차 업계의 이익과 궤를 같이한다.

하지만 도로에 차량이 적을 때만 운전의 자유를 얻듯이, 대형 차량의 비교우위는 내 차가 상대적으로 클 때만 확보된다. 그래서 우리나라의 교통지옥에서는 '거함거포주의'의 악순환이 끊임없이 일어난다. 제1, 2차 세계대전 동안 이어졌던 전함 대형화의 악순환을 뜻하는 '거함거포주의'는 관통력 좋은 적국의 신대형 함포를 막기 위해 우리편 전함 규모를 더 키우는 동시에, 될수록 거대한 함포를 장착하고자 하는 현상이다.

결국 이편 저편 모두 무한히 더 큰 배를 만드는 수밖에 없는 제로섬 게임이다. 〈매일경제〉(2023.03.05)의 분석에 따르면, 경차와 소형차를 제외한 국내 판매 차량의 평균 전장은 지난 20년 동안 4.7퍼센트, 전폭은 2.2퍼센트, 공차 중량은 13.4퍼센트 늘어났다. 해당 기사에서도 비슷한 비유를 든다.

국내 자동차 시장에서는 '도로 위 군비 경쟁'도 가속화하고 있다. SUV는 세단에 비해 차고가 높아 운전 중 시야가 넓고, 꽉 막힌 도로에서도 답답함이 덜하다는 장점이 있다. 상대적으로 차고가 낮은 세단 운전자들은 점점 늘어나는 SUV 차량으로 인해 시야의 방해를 받을 수밖에 없다. 시야뿐일까. 경차와 소형차를 오랫동안 보유했던 나는 대형차의 경적과 상향등에 정말 이골이 났다. 결국 지금 우리는 더 비싸고 더 뚱뚱한 자동차 안에서, 쇠와 유리로 이루어진 단절된 공간 속에서 교통 정체를 경험하며 스마트폰만 하염없이 스크롤하는 형국이 되고 말았다.

## 그린카의 탈을 쓴 전기차

2020년 기준으로 전 세계 수송 부문 온실가스 배출 비중은 약 16퍼센트인데, 이 중 4분의 3인 12퍼센트가 도로 교통에서 나온다. 현재 이를 줄이기 위한 노력으로 가장 각광받고 있는 것은 아무래도 전기차다. 그런데 바츨라프 스밀Vaclav Smil은《세상은 실제로 어떻게 돌아가는가》에서 SUV가 만들어내는 흥미로운 비극을 분석한다. 미국에서 1980년대부터 급증해 전 세계로 퍼진 SUV는 세단형 자동차보다 25퍼센트 많은 이산화탄소를 배출한다. 이 차이에 전 지구적 SUV 대수를 곱하면, 2040년을 시점으로는 전 세계에 1억 대의 전기차가 절감한 탄소배출 효과를 SUV가 덮어버릴 가능성이 크다.

하지만 스밀이 아직 고려하지 못한 점이 있다. 더 이상 '전기차'는 우리가 옛날에 생각하던 작고 친환경적인 녀석이 아니라는 것이다. 대한민국에서 1킬로와트시(kWh)의 전기를 만드는 데 평균 483그램의 이산화탄소가 배출된다(2023년 6월 말 기준). 공차 중량이 2,355킬로그램인 메르세데스 벤츠 EQE350 전기차는 90.6킬로와트시의 배터리를 탑재하고 471킬로미터를 주행할 수 있다. 1킬로와트시로 5.2킬로미터를 주행할 수 있는 셈인데, 한국의 전력 그리드 환경에서 1킬로미터를 주행하는 데 92.9그램의 이산화탄소를 배출하는 격이다(92.9g/km). 비슷한 실내 공간에, 차량 가격이 EQE350의 3분의 1 정도에 불과한 현대 소나타 하이브리드는 79g/km이다.

산업 금속을 채굴하여 배터리를 만들고 이를 여타 부품과 조립하여 만드는 전기차는, 통상적으로 내연 기관 차량이나 하이브리드 차량보다 차량 생산과 관련된 탄소 발자국이 월등히 높다. 그 차이를 주행에서 얻은 탄소 배출 절감으로 상쇄하여 생애주기 전반의 친환경성을 확보하는 것이 주요 전략인데, 어이없게도 주행 중의 탄소 배출마저 동급 전기차가 높아져버린 상황이다. 게다가 산업 금속 채굴에는 탄소 배출을 넘어서는 환경이나 노동 이슈까지 존재한다.

'거함거포주의'는 이런 비극에도 개입한다. 사람은 원래 불편을 싫어한다. 자동차 회사의 마케팅 부서에서 잠재 고객을 조사하면, 대부분의 소비자는 한 번에 더 멀리 갈 수 있는 차를 원한다. 200킬로미터 전기차가 팔리면 300을, 300 시대가 되면 400, 늘 "더 멀게"를 외친다. 그럴수록 배터리는 커지고 차도 무거워지며 효율은 떨어진다. 그래서 배터리를 더 키운다. 지난 7년 사이 주요 제조사 차량들의 배터리는 평균 3배가 커졌다. 공차 중량 역시 1400~1500킬로그램이던 것이 2250~2500킬로그램까지 늘어났다. 그 결과 기술은 발달했지만 개별 차량의 전비(1킬로와트시의 전기로 갈 수 있는 거리)는 제자리걸음이다. 2016년 출시된 구형 아이오닉의 전비는 6.3km/kWh인데, 7년 뒤인 지금 판매되는 두 배쯤 비싼 중형 전기차들보다 전비가 낮다니, 기술의 진보가 무상할 정도다.

소비자와 제조사의 욕망이 영합하는 지점이 또 있으니, 바로 대형화된 SUV 차량을 좇는 것이다. 효율은 또다시 떨어지고 배터리는 더욱 커져간다.

1억 원에 달하는 기아의 최신 SUV 전기차 EV9의 최고 사양은 전비가 3.8km/kWh에 불과하다. 한마디로 말해, 지금 나오는 크고 효율이 나쁜 전기차들은 최소한 인류와 생물권의 멸망을 늦추는 일에는 별로 기여하지 않는다. 이런 '거함거포주의' 추세는 차량 가격까지 계속 상승시켜, 전동화 기술을 부유층의 장난감으로 묶어놓는다는 해악도 있다.

자동차는 매우 자본주의적인 재화이다. 자유롭고 편안하고자 하는 사람의 심리를 업계가 영악하게 활용하여 자동차라는, 기본적으로는 가치 중립적인 기술을 정작 보편적 인류 복지에 반하는 방향으로 세상을 바꾸어가는 데 활용할 수 있다는 뜻이다.

결과적으로 재화가 이동하고 사람들의 소통을 위한 도로는 정체가 거듭되어 고체처럼 굳어져버린 쓸모없는 인프라로 전락해버렸다. 세상을 구할 것 같았던 전동화 기술은 오히려 그린카의 탈을 쓴 반환경 사치재의 수단이 되어버리기도 한다. 올해도 역사상 가장 무더운 해라고 하지만, 앞으로 다가올 해 중에는 가장 시원한 해가 될 거라고 한다. 전기차를 정말 좋아했고 지금도 좋아하는 한 지구인의 시름은 더욱 깊어만 간다.

# 운전면허 없는 남자

## 전현우

2023년 7월 7일

 

 

지난 퇴근길에 들춰본 다섯번 째 글은 대부분 내가 공감하는, 그리고 실제로 계산해보았던 주제를 다룬 문장으로 가득 차 있다. 그렇지만 시작 부분에서는 고개를 갸웃거리게 된다. 철도 같은 대중교통을 택할 수 없을 때 남는 선택지가 승용차라는 내용 말이다.

나는 면허가 없다. 무면허자가 이동하려면 대중교통이 가장 편하다. 사회적 압박이 없었을 리 없고, 이젠 돈 문제도 없는데도 그렇다. '자동차에 대해 이상한(?) 이야기를 많이 하는 사람'이라고 조금 알려져서인지, 아니면 단순히 나이가 들어서인지 '면허도 안 딴 무책임하고 무능한 놈'이라는 일장연설을 듣진 않는다. 그러나 여전히 속으로는 '운전면허도 없다니 이상한 사람'이라고 생각하는 사람들이 많을 것이다.

내친김에 조금 더 찾아본다. 정상적으로 경제활동을 하고 있는

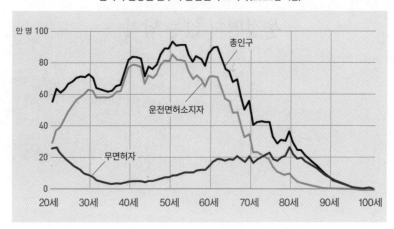

한국의 연령별 인구와 운전면허 소지자(2021년 기준)

출처: 〈운전면허소지자현황〉, 경찰청. 총인구는 주민등록인구, 행정안전부

30대 후반 남성에게 면허가 없다는 점이 그렇게 이상한 일일까? 이런 의문에 위의 그림은 아주 강한 긍정의 현실을 보여준다. 무면허자 비중이 가장 낮은 연령이 바로 2021년 당시 내 나이 35세(무면허 비율 5.76퍼센트)이다. 어릴 때부터 자동차의 지배 아래 살아온 데다, 이동 수단을 이용해 어린이나 노인을 돌볼 책임도 지고 있는 연령대이다.

이 그래프는 내 이야기를 다른 수백만 명의 한국인들로 넓혀서 바라보게 하는 창이다. 가장 인상적이었던 점은 노인층의 운전면허 소지자보다 무면허자가 많다는 사실이었다. 2021년 당시 72세였던 1950년생보다 나이가 더 젊어야 운전면허 소지자가 무면허자보다 더 많다는 사실을 보여준다(그림에서 운전면허 소지자와 무면허자의 곡선이 교차하는 지점).

2021년도 당시 60대 중반~50대 초중반 사이이던 1960년대생으로 넘어오면, 무면허자는 그 절대량조차 줄어든다. 이들이 20대였던 1970~80년대에 개발된 강남을 시작으로 한국의 도시는 본격적으로 자동차 지배 속에 놓였다.

2021년도 당시 30~40대인 1970~80년대생은 자동차가 당연한 환경에서 성장한 세대이다. 이들의 무면허자 비중은 10퍼센트 미만이며, 특히 1978~1987년생의 경우 무면허자는 약 6퍼센트에 불과하다. 2000년대 들어 전국토를 그물망처럼 덮은 고속도로망과 함께 성장한 이들은, 자동차의 지배 속에서 일상과 미래를 계획하는 것을 당연하게 여긴다.

무면허자 비율이 10퍼센트를 넘던 2021년 당시 20대가 앞으로 어떤 선택을 할지는 아직 결정되지 않았다. 자동차가 '거함거포주의'를 타고 계속 비싸져 부유층의 장난감에 더 가까워질수록, 1990년대생과 이후 출생자들이 면허를 덜 따게 되리라는 예상 또한 섣부른 진단이다.


## '하차감'이 중요한 세상

분명 나는 자동차를 권하는 압력이 가장 강했던 세대에 속해 있다. 다른 요인을 감안해도 내가 면허조차 없는 사람이라고 쉽게 예상되지 않을 것이다. 성별로 따져봐도 남성 면허자가 여성 면허자보다 1.5배는 많다. 지역으로 따져보아도 마찬가지다. 인천은 승용차 통행이 대중교통 통행보다 훨씬 많은 도시이다. 같은 연령대 중에 6퍼센트만 면허를 따지 않은 것으로 보아 계급 문제도 아니다. 신체 문제도 물론 없다. 어쨌거나 그 속에서도 나는 승용차를 택하지 않았다.

이 선택의 이유를 생각해보면, 결국 시작은 자동차 운전이 사회에 끼치는 비용에 대한 어렴풋한 자각이었던 것 같다. '자본주의적 재화'의 대표이자 사회에 큰 부담이 되는 선택이 바로 승용차라는 이야기들을 용케도 찾아 읽었다. 단순히 읽기만 한 것이 아니라 깊이 공감한 데다, 내가 높이 평가하는 이동의 틀을 잡는 데 활용했다. 숫자를 더 찾아보면 자동차의 비용적 측면이 더욱 또렷히 보였다. 차량 소유와 운전이 자기 가치감을 오히려 갉아먹는다고 느끼는 사람이 되었다고나 할까.

그렇지만 역시 세상은 요지경인지, 완전히 다른 방향의 말이 요사이 유행한다는 사실을 접하고 말았다. '하차감'[5]. 차량에서 내렸을 때 주변의 부러움 섞인 시선을 받으며 얻게 되는 우쭐한 감각을 가리키는 말이라 한다. 중고차 업체들에 따르면 이 감각은 차량이 어떤 메이커에서 제조되었는지에 따라 달라진다고 한다. 승용차는 이동력을 제공하는 기계일 뿐만 아니라, 위계와 지위를 과시하는 재

---

**5**　'승차감보다 중요한 하차감? 수입 중고차가 인기 있는 이유', 헤이딜러, 2022.

화로서 기능한다는 현실을 반영한 유행어인 셈이다.

하긴 이런 유행이 새로운 것은 아니다. "똥차 가고 벤츠 온다"는 속언도 있으니까. 여러 자동차 메이커 중에서도, 특히 무식하게 큰 미국 차에 비해서는, 날렵한 독일 차량이지만 그중 덩치 있기로 유명한 벤츠가 명품을 나타내는 은유로 사용되지 않던가.

그런데 벤츠는 디젤게이트의 주인공이었다. 디젤게이트는 2010년대 일련의 독일 차량 메이커들이 담합하여 디젤 승용차의 배출가스 저감 장치 성능 정보를 속였던 사건이다. 깨끗하고 멋진 이미지인 벤츠가 실은 오염물질을 내뿜는 '똥차'임이 밝혀진 것이다.

그러나 관료화된 대기업이 이런 스캔들에서 책임 있는 태도를 보일 리 없다. 벤츠 등 독일 차량 메이커들은 사실이 밝혀진 다음에도 기만 광고를 계속했다. 벤츠에게 기만 광고를 이유로 과징금 202억 원을 부과한 조치도 대중에게는 알려지지 않았다.[6] 구질구질한 것이 '똥차'의 특징이라면, 현실의 벤츠가 바로 그런 행동을 보인 것이다. 그런데도 '똥차 가고 벤츠 온다'는 신화는 여전히 대중의 입에서 오르내리며 재생산되고 있다.

---

**6**　'벤츠, 1차 디젤게이트 후에도 기만 광고 지속', 중기이코노미, 2022. 02. 07.

## 환상 속의 벤츠

'하차감', '똥차 가고 벤츠 온다' 등의 말은 모두 승용차가 인간의 미묘한 감정까지 건드린다는 사실을 보여준다. 이 감정의 힘은 너무나 견고해 디젤게이트 따위로는 흠집조차 나지 않는 듯하다. 하물며 수십 년 뒤에나 청구서가 날아들 건강의 붕괴, 앞으로 수백 년간 이어질 미래의 기후 붕괴라면 말해 무엇할까.

다차원적 위기를 읽어내려면 자동차의 비용을 정확히 이해해야 하고, 아주 복잡한 자동차 주변의 사물에 이를 평가할 기준이 될 여러 개념적 틀과 정보를 추가로 덧씌워야 한다. 도시 시스템, 에너지 시스템, 다양한 재료 조달 시스템, 이들을 종합한 숙련 노동, 기후 안정성, 인체 역량, 시간 구조, 공간에 관한 권리 그리고 길 주변에서 이뤄지는 다른 모든 사람의 삶…… 이에 대해 주입식 교육이라도 해야 한다고 주장하고 싶지만, 그게 될 리가 없지 않은가.

그렇다면 결국 출발점은 자동차 산업이 무엇을 팔고 있는지 살피는 데 있다. 한 마디로 자동차 산업은 환상을 판다. 이 환상은 벤츠를 사면 당신도 '벤츠'가 될 수 있다고 말한다. 사실 여부는 중요하지 않다. 관련 산업계는 심지어 금융의 힘까지 빌려 사람들에게 바람을 불어넣고 거품을 만들어낸다.

2010년대 들어 자동차 리스 금융 상품이 생긴 이후 '카푸어'가 다수 발생했다는 것은 공공연한 사실이다. 하지만 카푸어를 양산하는 리스 상품의 구조에 대해서는 누구도 책임지지 않는다. 디젤게이트와는 달리, 인과적 증거조차 뚜렷하지 않으니 어찌 보면 당연하다. '하차감'을 누리려 했던 개인이 무분별한 소비를 일삼은 후과를 책임져야 한다는 싸늘한 시선. 그 시선을 엄폐물 삼아 리스 상품은 지금도 계속 판매 중이다.

이처럼 분별력 없는 개인의 문제로 치부되는 일들이 자동차를 둘러싼 환상 곁에 득실대고 있다. 리스 금융과 카푸어는 물론, 앞서 살핀 속도의 물신, 비정상적인 운전, 괴이한 주차, 정체를 유발하기 위해 도로를 메우러 나온 사람들, 교통사고를 부르는 난폭 운전…… 자동차가 팔아온 환상의 그늘 속에는 수많은 문제가 방치되어 있다. 그리고 이 문제가 도로와 그 주변 사람들의 시야를 넘어서는 폭넓은 시공간으로 확장된 결과가 바로 지금 우리가 자동차 지배 덕에 마주한 여러 위기의 정체이다.

이 위기가 눈에 띈 이상, 나는 더 이상 외면할 수 없었다. 그리고 그 결과, 면허를 따지 않았다. 면허가 없든 있든, 자동차가 지배하는 시대를 사는 오늘날 사람들에게 요청하고 싶다. 자동차가 팔고 있는 환상이 실제로 무엇과 연결되어 있는지 곰곰이 따지기를. 좀 더 침착하고 냉정하게 자동차를 바라볼 수 있도록 더 많은 정보와 관점을 제시하라고 책임 있는 주체에 요구하기를. 그렇게, 우리 사회 전체가 일종의 '카푸어'로 전락하지 않도록 돌보기를.

# 철도, 결핍에서

사람들이 직접 운전을 하는 이유는, 자동차의 물신을 좇아서가
아니라 어쩌면 철도가 부족해서인지 모른다. 그렇기에 나는 거
대도시 속에서 고통받는 우리에게 철도가 어떤 해답을 줄 수 있
을지 궁금하다.

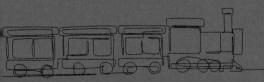

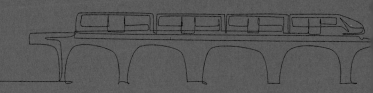

# 찾는 희망

철도로 수많은 사람들에게 속도를 보장할 수 없다면, 시민의 시간을 먹고 자라던 거대도시는 결국 무너져버릴 것이다. 지금 거대도시의 철도망을 더 잘 활용하려면, 효율의 중층적인 의미를 더욱 상세히 반성하는 작업부터 필요하다.

# 철도에 해답을 구하다

**정희원**

2023년 7월 14일


몇 달 전 한 기자에게 질문을 받았다. 기대 수명의 증가 추세를 고려할 때 서울 도시철도의 무임승차 연령이 상향되어야 하는지에 관한 내용이었다. 평소 우리나라의 건강 수준 향상에 따라 30년 동안 65세에 멈춰 있는 노인 기준 연령을 지금보다는 장기적으로 상향할 필요가 있다고 여러 매체에서 이야기했는데, 이를 염두에 둔 질문이었다.

하지만 내 대답은 달랐다. 대중교통은 가능한 한 전 국민이 최대한 값싸게 누릴 수 있어야 하고, 그 기준을 연령으로 가를 이유가 없다. 대중교통을 무료에 가깝게 사용할 수 있도록 하는 것은 보편 복지의 측면에서 매우 소득 재분배적이고, 탄소 배출을 낮추는 넛지 효과를 사람들에게 주며, 부가적으로 상당한 건강 효과까지 볼 수 있기 때문이다.

대중교통 요금이 낮아지는 일은 정확히 소득 재분배적이다. 소득이 낮을수록 승용차가 아닌 대중교통을 이용할 가능성이 높다. 월 소득 200만 원 이하인 서울 시민이 승용차로 통근, 통학하는 비율은 3.3퍼센트에 불과하지만, 800만 원 이상에서는 33.3퍼센트가 승용차를 이용하였다(2022년 기준). 나머지는 대중교통이나 도보, 자전거, 오토바이 등을 활용한다고 볼 수 있다.

이 자료에서, 월 소득 200만 원 이하인 그룹에서 도보가 주요 이동 수단인 비율이 41.4퍼센트에 이르렀다. 집 근처에서 파트타임으로 일하는 비율이 높아서일 수도 있지만, 비용 부담이 여타 교통수단보다 상대적으로 적기 때문일 것이다. 서울과 수도권의 통근자가 거리에 따라 월 5~15만 원의 대중교통 이용 요금을 지출하는 경우(평균 10만 원), 이 지출이 줄어드는 효과는 월 소득 200만 원에서는 소득의 5퍼센트에 해당하지만, 월 소득 1,000만 원에서는 소득의 1퍼센트에 불과하다.

돈을 어디서 가져오냐고? 부자들이 '거함거포' 자동차를 보유하고 운행할 때 더 많은 세금을 내게 하면 된다. 승용 자동차의 보유세를 차량 가액과 탄소 배출, 바닥 면적을 종합적으로 고려해 중과세하면 확실한 재분배가 보장된다.

## 대중교통의 가성비

사람들의 이동을 대중교통으로 유도하는 일은 지구가 뜨거워지는 속도를 조금이나마 늦출 여지를 제공한다. 통상 중형 휘발유 자동차는 1킬로미터를 이동하는 데 140~160그램 정도의 이산화탄소를 배출한다. 서울의 버스는 2016년 기준, 사람 한 명을 1킬로미터 이동시키는 데 50.6그램, 지하철은 33.6그램을 배출했다. 차 대신 대중교통을 선택하면 탄소 배출을 크게 줄일 수 있다. 온실가스를 뿜는 자동차를 어쩔 수 없다며 타고 다니기 위해 탄소 포집·활용·저장(CCUS) 기술 대중화를 기약없이 기다리기보다는, 전 국민이 대중교통을 무료로 사용하게 해주는 편이 훨씬 현실적이다.

2022년 독일은 물가 상승과 기후 위기를 타깃으로 9유로(약 13,000원)에 도시철도를 비롯한 대중교통을 한 달간 이용할 수 있는 티켓을 3개월간 한시적으로 판매했다. 이 티켓 효과로 탄소 배출이 180만 톤가량 줄어든 것으로 추정된다. 2023년에는 후속작으로 월 49유로로 독일 전 지역을 횟수, 구간 제한 없이 여행 가능한 티켓을 판매했다.

대중교통은 도시민의 건강에 유익하기까지 하다. 거대도시를 살아가는 시민들이 대중교통을 이용할 때 수반되는 걷기나 계단 오르기 등의 신체 활동은 당연히 건강에 좋지 않겠는가. 역시나 수많은 연구들이 이를 지지하는 결과를 보여준다. 대중교통의 활용은 하루 평균 8~33분의 신체 활동 증가와 관련 있다는 여러 해외 연구들이 있다.

이만균 경희대 스포츠의학과 교수 연구팀이 2014년 보고한 연구에서도, 같은 거리 이동에서 자가 운전 그룹은 평균 108킬로칼로리을 소모한 반면, 대중교통을 이용한 그룹은 211킬로칼로리였다. 일본의 한 건강 검진센터에서 약 6천 명의 중년 시민을 살펴본 결과, 대중교통을 이용하는 경우 자가 운전자보다 과체중, 고혈압, 당뇨 위험이 44퍼센트, 27퍼센트, 34퍼센트 낮았다. 이외에도 체질량 지수와 체성분, 심혈관계 질환 위험도 등 다양한 지표에서 대중교통 이용 그룹이 더 낫다는 여러 연구 결과들이 존재한다. 미국의 지역 단위 분석 연구에서는, 지역 주민의 대중교통 이용 비율이 1퍼센트 더 늘어날수록 비만률은 0.22퍼센트가 낮아지는 것으로 나타났다.

## 몰라서 못 타는 게 아니다

이처럼 유익한 대중교통 중에서도 효용면에서 철도를 능가하는 것이 없다. 탄소 배출이 가장 적을 뿐 아니라 웬만하면 정시성이 보장된다. 독립된 선로망을 사용하므로 정차와 가감속 시간을 포함하는 표정 속도 역시 도로 교통망에 비해 현저히 빠르다.

하지만 우리나라의 거대도시에서 철도는 늘 부족했다. 과거 내가 부천에서 분당으로 출근할 때 철도를 이용하려면 부천에서 서울, 서울에서 분당으로 방사형 교통망을 이용해야만 했다. 물론 대부분의 구간은 지옥철이었다. 편도 1시간 30분. 버스를 타면 출퇴근 시간만 편도 2시간 30분이 걸리기도 했다. '내가 대전을 가고 있는 건가…' 생각이 들 정도였다. 자동차로는 새벽 5시에 집을 나서거나 밤 11시에 직장을 나서면 편도 한 시간 정도 걸렸다. 갖은 경로를 이용해서 출퇴근을 시도하다가 결국 학습된 무기력에 빠졌고, 어느 순간부터는 병원 당직실에서 잠을 청하는 일이 많아졌다.

내가 몸으로 경험했던 문제들, 서울을 중심으로 한 방사형 설계와 그 사이를 연결하는 횡방향 연결의 부재, 부족한 수송 용량의 문제는 도시철도와 광역 급행철도, 고속철도 등 여러 형태의 철도망에서 흔히 관찰된다. 이 모든 것은 있어야 할 곳에 충분히 철도가 없다는 과소 공급의 깔때기로 수렴한다.

이제는 모르는 사람이 없는 김포골드라인이나 도시철도 9호선 급행열차의 혼잡도 문제와, 신규 철도 노선이 발표되거나 개통될 때마다 들썩이는 부동산 시세 문제 역시 철도가 과소 공급되고 있다는 점을 방증한다.

공공재의 특징을 가지는 철도가 충분히 공급되어 수요를 충족시킬 정도라면, 신규 노선 같은 호재는 시세에 별다른 영향이 없어야 한다. 철도를 이용하고 싶지만 지옥 버스에 매달려 출퇴근할 수밖에 없는 잠재적 주택 구매자의 수가 많기에 철도 접근성의 상당한 프리미엄이 부동산 시장 위주로 형성, 유지되는 것이다.

이러한 철도 과소 공급의 구조는 당연히 소득 역진적이다. 더 부유하여 값비싼 부동산을 취득할 수 있는 사람들은 아쉬울 것이 적고, 다른 대체 이동 수단마저 많은 상황에서 도시철도 접근성이라는 혜택까지 얻는다. 하지만 이 거대도시에서 부유하지 못하면 역세권에 살지 못한다. 월 소득이 200만 원 이하인 그룹에서 도보가 주 통근, 통학 수단인 비율이 41.4퍼센트에 이르렀다. 물론 현상의 배후에는 이 문제도 있을 것이다. 애초에 도시철도 이용이 그들의 이동 선택지에 없던 것이다.

결과적으로 철도 과소 공급은 공공재이자 사회간접자본의 특성을 가지는 도시철도가 제대로 작동하지 못할 가능성을 더욱 높일 뿐이다.

이전 글에서 전현우는 '자동차가 팔고 있는 환상'이 사람들을 지배하여 자동차의 세계에 물들게 된다고 지적했다. 동의한다. 나 역시 자동차의 세계에 젖어들고 싶지 않아 이동 수단으로는 일차적으로 대중교통을 선택한다. 꼭 필요할 때에는 자동차의 '거함거포화'에 저항하는 뜻에서 생산된 지 7년 된 소형 전기차를 탄다.

하지만 대전 유성구와 부천시, 고양시를 포함하여 도시철도를 비롯한 대중교통의 활용이 상대적으로 어려운 지역에서 직장 생활을 경험하면서, 많은 사람들이 생존을 위한 이동 수단으로 자동차를 사용할 수밖에 없다는 사실을 깨달았다. 그들이 직접 운전하는 이유는, 자동차의 물신을 좇아서가 아니라 어쩌면 그저 철도가 부족해서인지 모른다. 철도를 비롯한 대중교통의 장점을 모르거나 또는 게을러서가 아니라는 말이다. 그렇기에 나는 거대도시 속에서 고통받는 우리에게 철도가 어떤 해답을 줄 수 있을지, 전현우의 답이 무척 기대된다.

# 철도가 정말로 해답이 되려면

### 전현우

2023년 7월 21일

아아, 결국 철도 이야기를 시작할 차례가 오고 말았다. 그것도 철도가 왜 이리 부족하냐는 힐난(?)으로. 이 힐난에 답하려면 말이 많아진다. 철도는 아주 까다로운 조건 아래에서만 번창하는 만큼 그렇다.

철도가 얼마나 까다로운 물건인지 확인할 때 먼저 기억해야 할 숫자는 8퍼센트다. 전 세계 여객 통행에서 철도가 차지하는 비중이다. 제일 높은 나라인 일본도 약 30퍼센트이다. 한국은 13퍼센트, 유럽 주요국들도 10퍼센트 남짓이며, 20퍼센트 정도인 스위스가 유럽에서 가장 높다. 인도나 중국 정도를 빼면, 나머지 대륙에서는 1~2퍼센트가 나오면 그나마 다행일 정도다. 정희원의 말처럼, 세계 어디서든 철도는 부족하고 아주 좁은 영역에서만 그 힘을 발휘한다.

이렇게 작은 숫자의 철도 교통이 왜 그처럼 중요한 취급을 받을까? 철도망이 거대도시를 오고가는 이동의 뼈대가 되기 때문이다. 서울의 인구밀도는 한국 평균의 30배, 세계 평균에 비하면 수백 배 높다. 이런 고밀도 구역에서 하루에도 수천만 명이 움직이는 것이 거대도시의 특징이다. 내부에 사는 시민은 물론, 외곽에서 오는 통근객, 전국에서 온 방문자, 외국인들까지…… 하루 수천만 번의 통행을 몇 개 노선의 길로 압축한 상태에서 일정 속도를 보장하려면 결국 철도 말고는 다른 방법이 없다. 철도로 수많은 사람들에게 속도를 보장할 수 없다면, 시민의 시간을 먹고 자라던 거대도시는 결국 일정한 한계를 넘지 못하고 무너져버릴 것이다.

그렇지만 거대도시가 이렇게 무너질 때까지는 아주 긴 시간이 남은 듯하다. 여전히 사람들은 거대도시로 몰려든다. 세계 어디서든……. 그리고 그 덕에, 정희원의 지적대로 거대도시 속에서 이동하는 우리는 결국 철도 부족으로 고통받는다. 두 저자의 출퇴근길이 그랬고 독자들도 마찬가지일 것이다. 거대도시에 살고 있다면 누구든 '지옥철'을 피할 수는 없다. 유명 연예인도 폭설이 오면 결국 지하철을 타지 않던가.

그렇지만 철도는 다른 방향에서 고통받는다. 아마 한국 기업 가운데 철도공사(철도청 시절 포함)가 가장 긴 적자 기록을 보유하고 있을 것이다. 나는 1911년 이후 한국 철도의 수송과 회계 데이터 약 110년 치를 모아서 그림으로 그린 적이 있다(《거대도시 서울 철도》 7장). 또렷이 대조되는 결과가 나왔다. 1977년부터 2013년까지 36년 동안 철도는 영업 손실을 겪었는데 이것도 짧게 잡은 수치이다. 1970년대 철도청은 적자와 흑자를 오갔다. 또 2016년 SRT 개통 이후 철도 공사는 적자를 벗어난 적이 없다. 게다가 2020년대, 코로나19 이후 실적은 회복할 기미를 보이지 않는다. 1970년 이후 지금까지, 사실상 50년 적자다. 거의 한 사람의 일생만큼 이어진 유구한 적자인 셈이다.

투자를 안 한 것도 아니다. 1990년대 이후 수십조 원을 그야말로 들이부었는데도 적자가 계속되었고, 이는 도시철도도 다르지 않다. 가끔 흑자였던(물론 1기 지하철이 2기 지하철과 별도 회사로 돌아갈 때 이야기다) 서울은 그나마 낫지만 지방 도시철도는 그야말로 반값 철도라고 할 수 있다. 원가의 절반도 벌지 못하니, 공공 서비스 중에서도 이 정도로 형편없는 실적을 자랑(?)하는 서비스도 드물 것이다.

철도는 이렇게 정반대 방향으로 작용하는 두 힘을 받고 있다. 승객들은 왜 철도가 지옥철이라 불릴 만한 수준이 되었는지 의아해한다. 그렇지만 회계 데이터는 지금 수준의 철도조차도 유지하기 어렵다며 압력을 가한다. 결국 사회의 다른 분야에 손을 벌려야 유지할 수 있다면 철도는 문을 닫는 게 낫다. 지금의 성과마저도 이미 놀라울 만큼의 배려 위에 서 있는 것이니[7] 매몰 비용은 포기하는 게 맞을지도 모른다.

철도 건설비를 대주는 건, 개인으로 치면 집을 조건 없이 사주는

---

**7**    고속철도와 민자사업, 도시철도를 제외한 새 철도는 새로 짓고 영업을 준비하는 데 필요한 모든 돈을 정부 재정에서 조달한다. 개업 시점에서는 빚이 없다는 뜻이다.

것과 비슷한 수준의 지원이다. 번듯한 집이 아무 힘도 들이지 않고 손에 들어왔는데, 생활비를 자력으로 벌기 힘들다며 주변에 손을 벌린다면? 이를 납득할 만한 사람은 많지 않을 것이다.

게다가 경쟁자인 도로나 항공은 그야말로 잘나가는 중이다. 이들은 사람들의 환상까지 자극해 돈을 벌고, 그 돈을 종잣돈 삼아 성장한 한국의 자동차 산업은 이제 세계 시장에서도 손꼽히는 위치로 올라섰다. 이렇게 잘나가는 형제 옆에서 돈만 빼먹는 군식구 취급을 받는 것이 철도의 현주소이다. 매년 수조 원을 퍼부었지만 서비스는 형편없고, 그 정도 서비스를 제공하는 비용만으로도 적자라고 우는 소리를 하는 귀찮은 대상. 정부나 기업에게든, 다수의 납세자에게든 철도는 결국 그 정도 의미에 불과하다.


## 천덕꾸러기가 된 철도사업

상황은 한층 더 어렵다. 철도는 열차가 실제로 다녀야 의미가 있다. 특정 철도 노선이 정말 유의미한 노선인지 평가하려면 열차 운용 계획부터 수립해야 한다는 뜻이다. 노선 건설 계획은 시작일 뿐, 배선도를 작도하고 시각표까지 작성해야 실제 평가가 가능한 노선이 된다.

또한 사람들은 결국 역까지 걸어서 접근하는데 보행로를 시뮬레이션에 입력하기란 까다로운 일이다. 걷는 사람들은 차량으로 이동할 때에 비해 속도는 느리고 불편 요소에는 예민하다. 보행로 구조와 거리가 조금만 바뀌어도 열차를 택하는 사람의 수가 급격하게 변하고, 수요 예측과 현실값 사이에 커다란 편차가 발생한다. 열차 운영 계획 자체로도 까다로운데, 수요를 정확히 파악하려면 사람들의 예민함까지 예상해야 하니 예측이 쉬울 리 없다.

물론 이 편차의 방향이 대략 정해져 있긴 하다. 철도 계획이 예비타당성 조사와 같이 까다로운 평가를 받는 이유는, 그럼에도 불구하고 철도를 짓고 싶은 사람들이 있기 때문이다. 이들은 어떻게든 수요가 많이 나올 수 있도록 노력한다. 건설 사업자의 동기는 분명 이렇다. 재정당국이 한 번 거른다고 해도 한계가 있다. 분명 10여 년 전까지만 해도 '과잉 공급', '토건을 위한 토건', 이런 말의 주인공 중 하나가 철도였다.

2023년 '지옥철계'의 다크호스로 떠오른 김포 골드라인 역시 하루 예측 수요(약 9만 명)를 다 채우지 못한 것으로 보인다. 문제는 하루 가운데 20퍼센트 정도인 러시아워에, 그리고 서울에 가까워질수록 사람들이 누적되는 구간에서 벌어진다. 과잉 공급이라는 말조차 여전히 빈말이 아니다. GTX B선의 경인선 인접 구간처럼 형편없는 수요가 예상되었음에도,[8] 결국 현실이 되는 노선까지 생겼을 정도이

---

**8** 2014년 예비타당성 조사에서는 환승객이 하루 평균 부평에서 500명, 신도림역에서 2천 명으로 예상되었다. 2019년 조사에서는 일평균 부평 9천 명, 신도림 1만 1천 명으로 늘었는데 이는 기본요금을 2,100원에서 1,500원 정도로 낮춘 덕인 듯하다. 하루 15만~40만 명이 이용하는 부평·신도림에서 이 정도 환승이라면 빈말로라도 큰 규모라고는 하기 어렵다.

니 말이다.

　문제는 여기서 끝나지 않는다. 철도에 필요한 비용은 돈으로 나타낼 수 있다(지금 이야기는 적자 문제와는 무관하다). 이 비용과 이익을 비교해야 한다. 땅 파서 나온 게 아니라 납세자가 낸 돈이기 때문에 이 노선의 이익을 결국 돈으로 환산하는 절차가 필요하다.

　여기서 문제 하나. 어느 날 출근길에 전철이나 버스를 탄 당신의 1분, 그리고 다른 날에는 승용차를 탄 당신의 1분이 새 철도 노선을 깔아서 줄어들었다고 가정하면 이 1분의 가치는 얼마일까?

　실제 사업 시행에 영향을 끼치는 예비타당성 조사에서는 철도 및 버스 출퇴근객의 1분은 약 80원, 승용차 출퇴근객의 1분은 약 160원으로 평가한다.[9] 두 배 수준의 차이가 생기는 것이다. 상황이 이렇다면, 통행량이 같다는 가정하에 철도 개량보다 도로를 개량하자는 의견이 더 정당화될 수밖에 없다. 버스보다는 당연히 승용차가 중요할 테고.

　물론 재정당국이 허술하게 평가한다면 방만한 투자가 늘어 재정이 낭비되고, 정치력에 따라 이상한 노선으로 시행되는 일도 더 자주 벌어질 것이다. 꼭 필요한 철도부터 사업이 진행되어야지, 이상한 노선이 먼저 진행되면 누구에게도 도움이 되지 않는다. 이런 의미에서도 재정당국의 평가를 함부로 폄하해서는 안 된다. 그리고

---

**9** 　관련 물가, 즉 이동에 드는 비용을 반영해 결정한 값이다. 철도 운임이 낮은 것이 여기선 독이 된다. 임금을 반영하는 것은 출장 통행뿐이다.

이들의 반대는, 과소 공급이 아닌 과잉 공급이 문제라는 주장의 한 축을 이루고 있다.

## 자족 도시의 반대로 향하는 철도

재정에 기반한 반대는 매우 소극적인 종류에 속한다. 예산 한계선을 넘지 말라는 요구일 뿐, 왜 그 선을 넘지 말아야 하는지, 교통 시스템 내부에 근거한 이유를 제시하는 반대가 결코 아니다. 그러므로 철도가 과잉인 이유를 말하려면 결국 이 선을 설명하는 적극적인 이유가 있어야만 한다. 거대도시를 해체하고 자족 도시를 건설하자는 논의가 그 설명이 된다.

한 도시 안에서 일자리를 비롯한 거의 모든 것이 해결되고, 주변 도시로는 아주 가끔만 나가는 도시. 이것이 '자족 도시'라는 아이디어의 핵심이다. 잘 확충된 철도망은 자족 도시의 이상과는 반대로 향하는 길이다. 중심부로 통하는 교통로인 이상, 철도는 중심 도시의 과밀화를 촉진하고 이를 통해 사람들에게 고통을 안겨주는 도구가 되고 만다.

거대도시를 여러 개의 자족 도시로 해체하고, 필요한 대중교통은 버스로 때울 수 있지 않을까? 기술적으로 복잡하고, 재정적으로 과중한 비용을 부담해야 하며, 경직된 망으로 유연하게 변형하기 힘든 철도망에 의존해 생활하겠다는 것 자체가 과도한 기대 아닐까? 게다가 이렇게 서울의 덩치를 키우면 지방의 기회는 그만큼 줄어들지 않을까?

이 글에서 이 문제에 대해 상세히 논의하지는 않겠다. 이에 관한 정희원의 지적은 '그렇게 보기는 어렵다'는 흥미로운 문제 제기일 것이다. 여기에 더할 만한 다른 증거 또한 점점 늘고 있다. 그러나 여전히 이런 생각, 즉 자족 도시론은 사람들의 머릿속에 늘 살아 있다.

GTX 반대론 중 유력한 관점도 이런 종류이다.[10] GTX를 개통하면 주변 도시의 중심지 기능은 약화되고, 서울의 덩치만 커진다는 것이다. '도로망은 제2외곽순환고속도로까지 착착 갖춰지는 마당인데, GTX는 이름만 새로울 뿐 이미 있는 무궁화호와 비슷한 수단인데'라는 말도 소용이 없었다. 속도의 물신 덕이었을까.

지방도시에서도 이는 살아 있는 아이디어이다. 이들은 철도망의 빨대 효과를 가장 두려워하기 때문이다. 지방 광역철도 개통이 수도권보다 거의 50년이나 뒤처진 이유 중 하나이기도 하다. 수도이자 국내 최대 도시인 서울이라면 결국 국민경제에 참여하기 위해서는 꼭 연결해야 하는 도시이다.

하지만 왜 인근에 있는 지역 최대 도시에 굳이 우리 동네가 연결되어 의존해야 할까? 그렇게 해서 저 도시에 뭔가 좋은 게 생긴다고 해도, 결국 저 도시 좋은 일만 시키는 거 아닌가? 이제는 고속도로

---

**10**    최근 인터뷰집 《시민 교통》을 통해 이 논지를 정리된 글로 남겼다는 점에 의미를 둔다. 최근의 저술이나 논문에서는 이런 관점 자체를 보기 드물기 때문이다. 그런데도 최근 30년 간 한국의 여러 계획도시는 이 관점 위에서 이뤄진 것이 사실이다.

가 모든 도시 사이에서 빨대 역할을 이미 수십 년째 하고 있는데도, 게다가 비수도권에서는 90퍼센트의 광역 통행이 승용차로 이루어 지는데도, 이런 생각은 여전히 뿌리 깊게 자리하고 있다.

## 다시 철도를 이야기할 때

앞서 살펴보았듯 승용차를 활용하는 방식이라던지, 철도가 과소 공급되고 있다는 진단이라던지, 이러한 것들은 결국 완전히 다른 방향에서 철도를 바라보는 이야기들과 교차하게 된다. 애초에 과잉 공급이 많았던 만큼, 철도를 타지 않고도 사람들이 살 수 있도록 하 는 편이 낫지 않을까? 아니, 주변에 폐만 끼치는 철도 같은 건 지하 로 파묻거나 아예 폐지하고, 자족 도시들로 도시를 바꾸는 게 제일 좋은 방법 아닐까?

이런 질문에 제대로 답하려면 책이 몇 권은 필요하다. 하도 답답 해 아예 바닥부터 이야기를 해야겠다고 집필을 결심한 지도 10년은 넘은 것 같다. 분명 뭔가 부족하다는 일상의 감각을 무시한 채 과잉 공급만 운운하는 데 대한 짜증, 공급조차 태부족한데 망을 사실상 축소하겠다는 지하화 계획만 주목받는 사태에 대한 분노, 기껏 계 획한 노선이 파편화되어 중심지까지 열차를 운행하지도 못한 채 용 량만 놀리는 현실에 대한 답답함, 철도가 가진 사회 정책적 가능성 을 제대로 들여다보지 않는 연구자들에 대한 아쉬움, 기후 쟁점에서 철도의 잠재력을 활용하지 못하는 데 대한 당혹스러움…….

다행히 이제는 분위기가 바뀌었다. 아무 부담 없이 철도가 부족하다고 주장해도 된다. 미래에도 여전히 필요한 이동을 이제는 철도로 흡수하도록 교통망과 도시가 바뀌어야 한다는 주장에 누가 반대할까? 다만 그 방향이 문제일 뿐인데, 여기서는 철도에 요구되는 효과와 효율의 문턱이 승용차보다 훨씬 더 엄격하다는 사실을 짚어 두고자 한다.

승용차는 에너지 효율조차 신경쓰지 않는다는 점을 정희원의 글에서 확인했다. 중량당 에너지 효율이 높은 전기차인데도 전비는 오히려 후퇴하는 상황이다. 게다가 이런 승용차는 하루에 한 시간 반 남짓 운행할 뿐이다. 2021년 서울시 승용차 평균 이동거리는 33.9킬로미터인데, 같은 해 평균 주행속도(시속 23.1킬로미터)로 운행하면 88분이 걸리니. 이들은 생애의 94퍼센트 동안 주차장에 서 있는 셈이다.

한편 대중교통은 연료비나 전력비를 철저히 관리할 동기도 분명한 데다, 최대한 긴 시간 차량을 굴리는 편이 유리하다. 서울 2호선의 실례를 살펴보자. 본선인 을지로순환선에는 평일 하루 편도 240편의 열차가 다닌다. 이들이 한 바퀴 도는 데는 약 90분이 필요하며, 이 노선을 운행하는 열차는 총 85개이다. 이들에게 주어진 시간(하루 1,440분을 곱하면 총 122,400분) 안에서 열차를 유지하기 위해, 이들 열차는 하루 중 35퍼센트 정도를 운행해야 한다. 철도 차량이 승용차보다 6배 정도 부지런히 움직이는 셈이다. 이렇게 열심히 움직여 효율성을 챙겨도 아직 부족하다는 이야기를 듣긴 하지만 말이다.

　대중교통의 많은 덕목은 이처럼 효율을 높여야만 현실이 될 수 있다. 기후 위기 시대에 가장 중요한 문제인 에너지 효율도 그렇고, 이용객들에게 낮은 운임을, 납세자에게 가능한 한 적은 부담을 끼치기 위해서도 마찬가지이다.

　그렇지만 효율만 신경 쓰다가 자칫 승객이 적다고 지선망을 죽여 네트워크를 약화시키고, 주말마다 예매 전쟁을 유발해 사람들이 정작 필요로 할 때 탈 수 없게 만든다고 생각해보자. 그러한 군살을 뺀답시고 무턱대고 굶다가 근육을 잃고 체력도 잃게 되는 것 같은 '제 살 깎아 먹기'가 발생하면 곤란하다.

　승용차는 이런 효율의 언어로 설명하기 어려운 상대임을 감안해야 한다. 그렇다면 결국 재무적 효율을 조금 희생하더라도 망의 포괄 범위를 넓혀, 궁극적으로는 도시와 우리 삶의 장기적 효율을 높여야 하지 않을까? 지금의 거대도시 철도망을 더 잘 활용하려면, 효율의 중층적인 의미를 더욱 상세히 반성하는 작업이 필요하다.

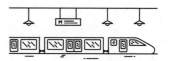

# 잃어버렸던

도시인들에게 걷기란 어떤 의미일까? 수많은 철학자들의 주장처럼 '인문학적 걷기'에서 의미를 찾아야 할까. 아니면 동력 수단의 앞뒤로 남아 있는 잔여물, 어쩔 수 없이 밟아야 하는 '3보'의 의미, 교통공학적 관점에서 걷기를 바라봐야 할까.

# 걷기를 찾아서

신체 활동은 따로 '운동'으로 해야만 하는 거대도시. 우리가 바라 마
지않는 거대도시의 설계는 자연스레 가속 노화의 악순환으로 몰아
넣고 있는지도 모른다.

# 거대도시 속에서 걷기

### 전현우

2023년 7월 21일

한여름이다. 조금만 걸어도 땀이 줄줄 흐르는 삼복 더위. 열차 안에서 에어컨을 쐬며 머물러 있고 싶지만 언젠가는 내려야만 한다. 문이 열리면 후끈한 공기가 곧바로 덮쳐들지만, 결국은 내려서 목적지까지 뚜벅뚜벅 걸어가야 한다.

걷기는 모든 이동의 전제다. 건물 안에서 차를 타고 달릴 수야 없지 않은가. '3보 이상 승차'라는 농담도 있지만, 방에서 자다가 화장실에 갈 때도 그보다는 많이 걷는다.

인터넷 서점에 '걷기'라는 키워드로 검색하면 나오는 국내 도서만 350여 권이다. 걷기 책만 다루는 도서관이 있어도 이상하지 않을 정도다. 주제도 다양하다. '건강 취미' 분류에서만 걷기를 언급하는 책이 2000여 권이나 된다. 그만큼 걷기는 현대인에게 있어 주요 관심사이다.

걷기는 우리의 언어 속에서도 중요한 역할을 한다. '걸음마'보다 시작을 잘 나타내는 단어도 없다. 한편 '발맞춰 걷기'라는 말은 완전히 다르게 살아오던 사람들이 만나 서로 리듬을 맞추려면 제일 먼저 무엇을 해야 할지를 알려준다. 뒤에서 정희원이 언급하겠지만, 우리 인생의 끝자락에는 걸을 수 있는 역량이 줄어 겨우 400미터도 걷지 못하는 상황이 기다리고 있기도 하다.

## 인문 혹은 교통공학으로서의 걷기

그런데 이 '걷기'처럼 대접이 하늘과 땅 차이인 경우도 드물다. 걷기가 해방적 힘을 가진 활동이라고 찬미하는 사람들이 한쪽 극단에 존재한다. '소요학파'의 태두 아리스토텔레스부터 수많은 철학자들은 걷기가 인간의 몸을 강건하게 만들고 마음을 맑게 정화한다고 주장한다.

《걸을 수 없는 도시, 걸어야 하는 사람》(변완희·오성훈 지음, 크레파스북, 2022)처럼 공학자들이 쓴 책도 걷기에 대한 철학자들의 일화로 이야기를 시작하는 이유가 있다. 정희원처럼 누적되어 가는 의학적 증거를 언급하든, 레베카 솔닛처럼 걷기가 가진 저항의 의미를 이야기하든, 걷기에 대한 이런 태도를 '인문학의 걷기'라고 부르자.

또 다른 한쪽에는 걷기란 잔여물에 불과하다고 보는 사람들이 있다. 교통공학자뿐만 아니라 일반인들 역시 비슷한 관점으로 걷기를 대한다. 정류장이나 주차장까지 걷는 마찰 시간 동안은 원하는 이동을 하는 상태가 아니라는 것이다. 동력 수단의 앞뒤로 남아 있는 잔여물, 어쩔 수 없이 밟아야 하는 '3보' 말이다. 걷기에 대한 이런 태도를 '교통공학의 걷기'라고 부르자.

현실에서 우리는 두 가지 태도를 오간다. 하루를 마무리하는 가벼운 산책을 할 때, 휴가를 보내기 위해 산이나 바닷가를 찾을 때, 명동 같은 도심을 지날 때, 시위에 참여할 때 우리는 걷는다.

한편 우리는 걷지 않는다. 인천에서 서울로 갈 때, 서울에서 대전이나 광주로 갈 일이 있을 때, 서울의 끝에서 끝으로 움직일 때……

무엇이 우리의 움직임을 다르게 만들까? 0.5~1킬로미터가 마치 철의 장벽 같다. 도시철도 역, 버스의 정류장 간의 거리이자 역세권의 범위가 이 거리다. '15분 도시'라는 유행어도 이 정도 거리에 기반을 둔다. 이보다 먼 거리를 가리켜 사람들은 '걷기에는 멀다'고 평가한다.

높이도 문제다. 우리 모두를 속박하는 중력이 우리에게 던지는 문제. 이 문제를 극복하는 답은 크게 두 가지다. 계단 그리고 승강기. 나를 끊임없이 시험에 들게 하는 선택지다.

나는 계단 오르기를 선호한다. 열차를 한 번 탈 때마다 10미터씩, 연구실 건물이나 다른 일터에 도달해서 15~30미터씩. 이렇게 쌓이다 보면 하루에 극복하는 고도가 100미터 가까이 된다. 동네 뒷산 절반 정도 되는, 즉 체력 유지에 도움이 되는 양이다.

하지만 순간순간 부딪히는 시험 앞에서 굴복하는 날도 많다. 집에 들어갈 때는 결국 엘리베이터를 탄다. 호텔이나 고층 빌딩을 방문할 때도 그렇다. 허벅지에 힘이 실리기 직전까지 망설일 때도 있고, 일행이 대부분 자연스레 엘리베이터를 타면 그대로 묻어가는 날도 많다.

왜 이렇게 될까? 결국 중력이 던지는 시험의 정답이 딱 하나로 정해진 건물들이 점점 늘어나기 때문일 것이다. 승강장 접근로에 에스컬레이터만 있는 역도 많아진다. 엘리베이터가 접근로의 기본이 되는 건물을 보면, 근육을 쓰기보다는 그냥 모터에 몸을 맡기라고 권하는 것 같다. 이제 교통공학의 걷기가 도시 속의 걷기 공간까지 지배하는 듯하다.

이런 변화는 우리가 사는 거대도시가 점점 깊어지고 높아진 후과다. 나는《납치된 도시에서 길찾기》(민음사, 2022)에서 자동차가 교통공학의 걷기를 도시 전역으로 퍼뜨린 보행자 납치범이라고 주장했다. 그러나 자동차만의 문제는 아니다. 철도 역시 이런 변화에 기여한다. 지하철 노선을 추가할수록 새 노선의 역은 더 깊이 지어야 한다. 이렇게 해서 더 많은 사람들이 도심에 몰리면 그만큼 공간을 효과적으로 활용하기 위해 더 높은 건물들이 경쟁적으로 들어설 것이다.

극복할 높이가 커질수록 승강기는 더 매력적인 선택이다. 지하 수십 미터에 들어설 GTX 역이나 신안산선의 서울 관내 일부 역사는 에스컬레이터도 아닌 엘리베이터로 주 동선을 짤 예정이라고 한다.

## 역두의 계단 앞에서

결국 교통공학의 걷기가 우리 주변을 점점 더 폭넓게 점령하고 있다. 도시와 건물, 즉 건조 환경이 현대인들로 하여금 인체를 왜소하게 여기게 될 정도의 규모에 도달했기 때문이다.

그렇지만 여기서 인문학의 걷기를 회복하자고 외칠 수만은 없다. 자연의 거대한 규모는 언제나 인체를 왜소하게 만들어왔다. 자연 그대로의 산과 강에 노출된 인체는 늘 위태롭다. 21세기의 기후 변화를 기후 위기라고까지 부르는 이유 역시 환경의 변화 앞에서 인체가 취약하기 때문이다. 인간이 쾌적하다고 느끼는 범위는 섭씨 20~25도 수준. 쉽게 더워하고 쉽게 추워하며 쉽게 지치는 인체를 열과 추위로부터 보호하는 것보다 앞서는 도시의 사명은 없다.

우리는 도시에서 보호받는다. 건물 덕에 여름의 폭염과 겨울의 삭풍, 작열하는 직사광선과 사나운 폭우를 피할 수 있다. 건물과 동력 이동수단 속으로 피할 수 있다는 조건 아래서 우리는 걸을 수 있다. 동력 이동수단은 건물 사이를, 도시 사이를 잇는다. 그 덕분에 산과 바다는 물론 대류권 계면 같은 한계 조건도 돌파할 수 있다. 교통공학은 그 과제를 더 잘 해내기 위해 발전했을 뿐이다. 그러나 이 발전을 신중하게 활용하지 못한 결과, 오히려 걷기는 도시의 구석으로 내몰리고 있다.

이중의 문제가 거대도시 속에서 걷는 사람들을 괴롭힌다. 인체는 산과 강 앞에서 왜소해질 뿐만 아니라 건물과 차량 사이에서도 왜

소해진다. 사람들이 자신을 왜소하다고 느끼지 않도록 균형점을 찾는 것이 너무나 멀게만 느껴진다. 도시 개발 사업자든, 교통 시설을 계획하는 당국이든, 이들을 모두 조율해야 하는 정치든, 사람들이 스스로 왜소함을 느끼도록 만들어 오히려 이익을 취하기를 주저하지 않는 듯하다.

다시 나는 더위를 뚫고 역두의 계단 앞에 선다. 중력과 땡볕 아래에서 인문학의 걷기는 사치스러운 소리처럼 들린다. 모터에 몸을 맡기고 교통공학의 걷기 앞에 굴복할까 하는 생각도 들지만, 결국 터덜거리면서 계단으로 발걸음을 돌린다. 이 한 걸음이 우리 시대의 모두를 압박하는 왜소감을 넘는 시작점이기를 바라면서.

# 걷기, 이동과 운동의 접점에서

## 정희원

2023년 8월 4일

섭씨 30도가 넘는 여름밤, 나는 땀을 흘리며 고속터미널역의 계단을 오른다. 이어폰 속의 KBS FM 〈당신의 밤과 음악〉에서는 〈카발레리아 루스티카나 간주곡〉이 연주되고 있다. 다행히도 어딘가에서 날아드는 총알은 없다. 계단을 오를 때 이 곡을 듣게 되면 늘 영화 〈대부〉가 떠오른다. 이 간주곡을 처음 들은 곳은 공교롭게도 영등포역을 지나 서울역을 향하던 무궁화호 열차 안이었다. 1995년으로 기억한다. 이상하리만큼 나의 기억에 비디오테이프처럼 명확히 남아 있는 것은 밤 10시경 서울행 무궁화호에서 재생되었던, 피에트로 마스카니Pietro Mascagni가 만든 이 곡이다.

나는 삽화에 대한 기억력이 그다지 좋지 않은 편이지만 유독 어떤 이동과 함께한 음악의 기억들과 당시 장면의 편린들은 세세하게 남아 있는 경우가 많다. 어떤 음악을 들으면 그 음악과 연관된 과거의 기억들이 주마등처럼 재생되는 식이다. 이렇게 우리는 꽉 막힌 고속도로에 멈추어 서서 글리에르의 곡을 듣던 자동차와, 노후되어 역사 속으로 사라져가고 있는 구형 무궁화호를 뒤로한 철도의 사정들을 거쳐, 바야흐로 이동의 날것인 걷기의 이야기로 넘어왔다.

"걸으면 무릎 상하지 않나?"

이번 주에도 결국 이 말을 듣고야 말았다. 나를 마주한 장년의 직장 남성은 아파트를 한 바퀴 도는 일도 너무 지겹고 힘들다고 했다. 아파트 한 동의 길이를 100미터로 보면, 이분은 400미터를 채 걷지 못해 노인의학 연구에서 '이동성 장애mobility disability' 혹은 '신체 노쇠'로 분류할 수 있는 사람에 가까운 상태이다. 호흡을 바라보거나, 속보를 하거나, 조깅을 하는 것은 어떻겠냐고 제안했지만 이미 무릎이 편치 않은데 말도 마라는 대답이 돌아왔다. 달리다가 무릎을 다쳐 건강이 더욱 나빠진 아는 사람이 있다는 이야기와 함께. 꼭 주변에는 이런 이가 있고, 이들이 만난 의사들은 꼭 걷지 말라고 권유한다. 이런 에피소드를 전해 들은 이들은 걷지 않을 이유가 하나 더 생긴 것이다.

"무릎 주위 근육이 취약해서 그렇기도 하거니와 고관절, 발목 관절의 가동 범위가 감소되고, 상하체의 전반적인 균형이 좋지 않은 상태에서 나쁜 자세로 걷는 것이 문제입니다. 그래서 관절 가동 범위를 개선하고 근육을 강화하면서 동시에 걷는 양을 늘려가야 합니다. 지금 연배에 이렇게 준비해야 70, 80대에도 걸으실 수 있어요. 지금 포기하면 여생을 여기저기가 아픈 채 침대에 누워서 지내야

합니다. 트레이너 선생님한테 가서 제대로 걸을 수 있도록 코어, 둔근, 허벅지와 관절 가동 범위를 봐달라고 하세요."

그의 눈빛이 변했다. 곧 운동을 시작하실 것 같다.

걸을수록 소모품인 무릎이 닳아 없어진다는 생각이 팽배하다. 하지만 제대로만 걸으면 무릎은 닳기보다는 오히려 강화된다. 장거리 달리기 선수들의 무릎 건강을 추적한 연구들을 보면 관절염 발생은 달리지 않는 이들에 비해 유의미한 차이가 없거나 또는 오히려 적다. 노년기가 될 때까지 고강도의 신체 활동을 이어간 전문 운동가들은 80, 90대가 되어도 중년의 일반인과 비교하면 최상위권의 신체 기능을 유지하고 있다.

## 이동에서 소외된 걷기

전현우는 앞선 글에서 걷기를 도시의 교통 환경 속에서 어쩔 수 없이 움직여야만 하는 '교통 공학의 걷기'와 즐거움, 휴식을 위해 움직이는 '인문학의 걷기'로 분류했다. 내가 《당신도 느리게 나이 들 수 있습니다》에서 여러 운동 가이드라인들과 유사한 방법으로, 신체 활동을 이동으로서의 움직임과 운동으로서의 움직임으로 분류한 것과 매우 흡사하다. 이는 상당히 산업 사회적인 분류이기도 하다.

과거 수렵, 채취 시대의 인류는 종족을 보전하기 위한 활동 자체로 운동량이 많았다. 걷거나 뛰는 행위는 기초적인 생산 활동이었다. 연구자들은 평균적으로 하루 10~20킬로미터 정도를 걷거나 뛰었으리라 추산한다. 식량을 충분히 구하면 배를 채우고 쉬었고, 다시 식량이 필요해지면 아주 긴 거리를 걷거나 뛰어야 했다. 인간은 장거리를 느리게 달릴 수 있는 능력도 매우 뛰어나서, 일단 달리면서 버티기만 하면 단거리 달리기 능력이 훨씬 뛰어난 사냥감을 추격하거나 맹수의 공격으로부터 달아나는 일도 가능했다.

남아프리카의 !쿵족[11], 파라과이의 아체족 등 수렵 형태를 유지하는 사람들에 대한 관찰 연구를 바탕으로 추산하면 70킬로그램 성인 남성을 기준으로, 신체 활동에 의해 소모하는 에너지가 900~1800킬로칼로리에 달했을 것으로 생각한다. 그들은 이동과 운동을 분리하지 않았다. 물론, 수렵과 채취를 통해 얻은 음식을 충분히 섭취해 에너지를 확보한 후에는 푹 쉬기도 했다.

인간은 쉬는 것, 편안한 것을 선호하도록 진화적으로 선택되었을 것이다. 냉장고도 없는 수렵, 채취 사회에서 쉬지 않고 계속 움직이기를 오히려 선호하는 인간은 스스로의 유전자를 보전하기 어려웠을 것이다. 그렇기 때문에 사람은 본능적으로 일상생활에서 더 편안하게 움직일 수 있는 방법이 있는데 근육을 사용해서 이동하면 손해라고 받아들이는 경향이 있는 것일지도 모른다.

엘리베이터와 철도, 자동차 등 동력을 이용한 탈것과, 내연기관이나 전기, 유압 장치 등의 동력을 이용한 기계의 보급은 적어도 백만

---

[11] 코이산족에 포함되는 아프리카의 한 민족. !는 치경 흡착음을 나타내는 음성기호다.

년 이상의 오랜 기간 동안 일차적인 이동, 생산, 생존 수단이었던 사람의 근골격계를 자유롭게(?) 해주었다. 서서히 거대도시가 생겨났고 인간의 몸은 일단의 편안함을 얻었다. 가장 높은 곳에 위치한 가옥은 달동네의 위치임에도 불구하고 펜트하우스라는 용어로 격상되었고, 지가가 높은 곳은 초고층 빌딩이 들어서며 사람들을 끌어모아 더욱더 높은 지가를 형성했다. 이런 곳에서 걷기는 피해야 할 이동 수단이 되어버렸다.

"계단으로는 막혀 있습니다. 엘리베이터를 타셔야 돼요."

나 역시 일차적 수직 이동 수단은 계단이지만, 최근에는 이런 말을 안내 직원에게 듣는 일이 늘었다. 지난달 강의를 위해 방문했던 경기도청에서 특히 상당한 고통을 경험했다. 단 2층만 올라가면 되는데 공사 중인 관계로 외부인은 계단을 사용할 수 없었다. 엘리베이터 앞에 운집한 군중 뒤에서 20여 분을 기다린 결과, 간신히 2층까지 오를 수 있었다.

엘리베이터는 냉방이 제공되며 장식물이 화려한 빌딩의 중심부에 존재하지만, 계단은 어둡고 칙칙한 뒷공간에 존재한다. 항공기를 타면 기본 음료로(설탕이 가득해 질병 발생과 조기 사망 발생 가능성을 높일 수 있는) 콜라 또는 주스를 제안하듯, 현대의 거대 건물은 기본값으로 몸을 편안하게 해주는 이동 수단을 제안한다.

평균적인 현대인은 신체 활동으로 사용하는 열량이 하루 250~300킬로칼로리 정도이다. 질병관리청의 만성질환 건강 통계에 따르면, 최근 일주일 동안 1회 10분 이상, 1일 30분 이상 걷기를 주 5일

이상 실천한 사람은 조사 대상 인구에서 2020년 기준 37.4퍼센트로, 2008년의 50.6퍼센트보다 하락했다. 서울특별시의 조사에 따르면 2011년 서울 시민이 하루 평균 걷는 시간은 66분, 걷는 거리는 4.5킬로미터 정도로 추정했다. 역시 200킬로칼로리 정도로 볼 수 있다.

전현우의 말처럼 '3보 이상 승차'에 맞춰진 몸은 이동에 근육을 쓰지 않도록 적응되어 간다. 이런 삶을 성인기 내내 지속하다 보면 50, 60대에 이미 이동성을 좌우하는 근골격계 시스템이 노년기 '근감소증'에 필적할 만큼 상태가 악화된다. 급기야 걸어보려니 무릎이 아픈 상황이 되고 만다. 걸을 힘도 없는 상황이 되는 것이다. 겉보기엔 멀쩡하지만, 속은 아파트 한 바퀴를 걷기도 부담스러운 몸이 되는 셈이다.

그렇게 이동이 결핍된 근육을 산업 사회적인 방법으로 만회하는 방법이 '걷기 운동'이다.

"평소 무슨 운동을 하세요?"

"걷기 운동이요."

가장 많이 듣는 대답이다. 걷기가 따로 해야 하는 운동이 되어버린 세상이다. 피트니스 센터에서 가장 인기 있는 운동 기구는 언제나 트레드밀 아니던가. 평소 걷기를 최소화하려 안간힘을 쓰고 수직 이동은 엘리베이터에 의존하다가, 트레드밀 위에서 TV나 스마트폰을 보며 걷는다. 그렇게 부족한 신체 활동을 털어버리면 어쨌든 운동 가이드라인에서 제시하는 최소한의 신체 활동량은 맞출 수 있다는 속죄를 기대하는 것일까?

　장년기에 접어들어 몸에 여기저기 고장을 느끼며 비로소 시작한 걷기는 관절의 불편함을 또 만들어낸다. 지난 수십 년간의 편안함으로 몸이 굳어버린 것이다. 그래도 걸어야 한다. 안타깝게도 걷기를 운동으로조차 하지 않는 이들이 과반이니까.


## 걷기는 운동이 아니다

　그러나 걷기만으로 운동을 마치려는 전략은 그다지 성공적이지 못할 가능성이 높다. 오히려 이동과 운동을 합쳐, 일상 속에서 움직임을 많이 만들어내는 것이 기본이다. 운동으로서는 100세까지 걸을 수 있는 몸을 만들기 위한 근력, 관절 가동 범위, 균형과 협응을 개선하기 위한 다면적인 노력을 챙겨야 한다. 똑같은 분량의 걷기나 달리기라도, 몸의 기본기가 충분히 갖춰진 상태에서라면 선순환을 만들지만, 기본기가 없는 상태에서라면 근골격계 질환과 통증, 외상을 낳기 때문이다.

　그래서 나는 '걷기 운동'이라는 대답을 듣는 것을 썩 좋아하지 않는다. 하루 종일 움직이지 않다가 '걷기 운동'에 30분을 내는 것은, 마치 하루 종일 콜라만 마시다가 저녁에 시간을 따로 내서 한 끼 정도는 밥을 먹는다고 자랑하는 것과 비슷하니까.

　'걷기 운동'이라는 단어를 싫어하는 또 하나의 이유가 있다. 걷기는 어찌 보면 3분의 1쯤은 신체 활동, 3분의 2쯤은 정신 활동일 수 있다고 생각한다. 기본적으로 걷는 과정에서 내 몸의 긴장을 바라보고, 바른 자세를 만들며 호흡에 집중하는 것은 아주 질 좋은 마음챙김 과정이다. 이런 신체 활동을 지속하면 스트레스 호르몬 수치가 몸에서 떨어지고, 우울, 불안, 수면 장애가 개선된다. 신체 활동의 정도가 많은 사람은 노화 속도가 느리고 치매 발병 가능성도 동년배에 비해 더 낮다. 몸의 움직임은 뇌세포의 성장을 촉진하는 여러 물질들의 분비를 유발하기도 한다.

애나벨 스트리츠는 저서 《걷는 존재》에서 몸과 마음의 감각을 깨우며 걸을 수 있는 무수한 방법을 제시한다. 어쩌면 걷기를 단순한 운동 행위로 환원해버린 탓에, 많은 이들이 그저 다리만 움직이며 상체는 구부린 채 스마트폰을 들여다보는 것일지도 모르겠다. 참고로, 긴 시간의 스마트폰 사용은 우울, 불안, 수면장애의 악화, 나쁜 자세와 연관되었다는 연구 결과가 있다. 그래서 걷기가 가지는 이점을 오롯이 누리려면 오히려 '운동'이라는 딱지를 떼어놓는 편이 좋다.

문제의 근원은 굳이 우리 몸의 움직임을 분류하고 이중 잣대를 적용하는 생각일지도 모르겠다. 이동 수단으로서의 걷기는 최대한 줄여내야만 이익 같지만, 운동으로서의 걷기는 내세울 만한 자랑거리가 될 거라는 생각.

그런 의미에서 우리는 전현우의 이야기를 곱씹을 필요가 있다. '교통 공학의 걷기'는 '인문학의 걷기'와 합쳐질 수 있지만, 거대도시의 설계는 해가 갈수록 그 속에서 사람이 다리로 이동하는 것을 더욱 어렵게 만들어간다.

앞으로 서울에는 더 높은 아파트들이 들어선다고 한다. 화려한 고층 아파트에서 엘리베이터를 타고 내려온 이들은 '거함거포형' SUV로 직행할 것이다. 근육은 부족하고, 지방은 과잉인 몸으로. 실제로 미국의 사고 데이터를 분석한 대규모 관찰 연구에서 더 높은 체질량 지수를 가진 사람들은 소형 승용차보다는 큰 SUV를 탈 가능성이 높음을 제시했다.

신체 활동은 따로 '운동'으로 해야만 하는 거대도시. 우리가 바라 마지않는, 번쩍이는 거대도시의 설계는 사람들을 자연스레 가속 노화의 악순환으로 몰아넣고 있는지도 모른다.

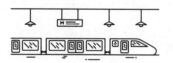

# 여행

열차 차창으로 언뜻언뜻 고개를 내밀며, 고속도로 위의 이 정체
가 끝없이 긴 행렬을 이루고 있다는 걸, 그리고 군데군데 산을 잘
라 여전히 새 도로를 만들고 있다는 사실을 눈으로 확인한다.

# 이야기

여행의 소비는 위치재의 특성을 지닌다. 여행 산업은 더 소비적이고, 비용이 많이 들며, 이국적이고 탄소 배출이 많은 활동을 더욱 멋진 것으로 포장한다.

# 휴가철의 여행

**전현우**

2023년 8월 11일

오늘도 서울역은 붐빈다. 코로나19가 끝나자 다들 기다렸다는 듯 이동을 한다. 억눌린 욕구보다 무서운 것도 없는 듯하다. 이 연재의 또 다른 주인공처럼, 기차를 타고 싶어도 타지 못하는 사람이 나올 정도이니 말이다. 이번 휴가철에는 다행히 예매를 해둔 덕에 기차에 몸을 실을 수 있었다.

많은 플랫폼만큼이나 열차를 기다리는 사람들의 모습은 시시때때로 달라진다. 늘상 열차를 이용하는 평일, 승강장에는 정장을 입은 출장객 같은 사람들이 아무래도 더 많이 보인다. 그들은 객실 내에서 노트북을 펼쳐 급히 업무를 이어갈 확률도 높다. 하지만 지금 같은 휴가철, 휴일에는 기대감 어린 눈으로 캐리어를 끌고 다니는 사람들이 더 많다. 쌍쌍이 붙어 다니는 연인의 비중도 높다.

노선별로도 사뭇 다른 풍경이 펼쳐진다. 강릉으로 가는 KTX보다 젊은이들의 비율이 높은 열차도 없을 것이다. 전주로 가는 열차에는 이유는 확실치 않으나 왠지 멋쟁이가 탈 확률이 높다고 느껴진다. 《오송역》이라는 나의 책에서 언급했듯이 오송에는 유난히 양복쟁이들이 많이 보인다.

건너편 플랫폼, 승강장에 막 도착한 열차에서는 잼버리에서 막 탈출한 듯 자기 몸통보다 큰 배낭을 맨 외국인 청년, 빵집이나 어묵집 쇼핑백을 든 아저씨들이 걸음을 재촉한다. 이들과 속도 차이가 나는 사람들도 제법 많다. 걸음이 불편한 노인들이 그러하다.

엘리베이터로 향하라는 안내판이 보이면 좋겠다는 생각도 들지만 역시 이용객이 많은 만큼, 엘리베이터 위치를 이미 알고 있는 사람들만으로도 어느새 장사진이 펼쳐졌다. 에스컬레이터로 가든, 엘리베이터로 가든 어차피 대기해야 하는 셈이다. 이 사람들이 여러 방향으로 편리하게 역에서 벗어날 수 있도록 보행 동선을 짜면 좋겠다는 오래된 욕심이 있다.

실제로 사람들이 높이 차이를 극복하지 않고도 벗어날 수 있는 역도 있다. 유럽 여행을 가면 볼 수 있는 이런 두단식 역은 19세기부터 존재했던 역들에서는 아주 흔한 구조다. 하지만 이 많은 사람들을 이 정도로 높은 밀도의 도심에 데려다 놓으려면 두단식 구조는 사용할 수 없다. 그래도 서울역처럼 사람들이 늘 장사진을 이루는 역쯤 되면 출구가 한 곳이라도 더 있으면 좋겠다고 예전부터 생각해 왔다.

조금 서두른 덕에 열차에서 잠깐의 여유를 즐길 수 있었다. 도중

역이 아닌 시발역이기에 누릴 수 있는 특권이다. 처음, 아니면 오랜만에 열차를 탄 듯한 아이들의 상기된 목소리가 맑다. 누군가의 폰 스피커에서 소리가 울린다. 이어폰을 꽂고 영상을 봐주면 좋지 않을까.

잡념을 씻어낼 겸 사람들이 거대도시에서 벗어나는 또 다른 축인 고속도로 상황을 살피기 위해 포털 지도를 켜본다. 역시나 시뻘겋다. 현재 고속도로 상황이 시속 30킬로미터 정도 나오고 있다는 뜻이다.

아직도 상습 정체 구간에 오징어와 뻥튀기를 파는 행상인이 나타날까? 아무튼 무면허자라 운전하는 부담이 없긴 해도, 충청도 언저리까지 사람들을 괴롭힐 이 정체에 실려 있자면 동승자 역시 괴롭긴 마찬가지다. 승용차가 약속했던 자유의 발목을 잡는 이 정체는 아마 도로를 배로 늘려도 여전히 계속될 것이다. 열차 차창으로 언뜻언뜻 고개를 내밀며, 고속도로에서 이 정체가 끝없이 긴 행렬을 이루고 있다는 걸, 그리고 군데군데 산을 잘라 새 도로를 여전히 만들고 있다는 사실을 눈으로 확인한다.


## 타인과 함께 떠나는 답사

터널로 빨려 들어가는 열차 속에서, 끝나지 않는 논증의 사슬을 풀어내다 지치면 다시 창밖의 풍광을 살피며 쉰다. 지평선이 보일 듯한 평택 주변의 평야, 뱀처럼 휘어지며 문자 그대로 사행蛇行하는 미호강과 금강, 추풍령과 울산 주변의 1천 미터 넘는 아득한 산악, '유장하다'는 말이 무엇인지 몸소 보여주는 낙동강, 비탈에 덤벼들 듯 솟은 수많은 아파트들, 그리고 불쑥 머리를 내미는 부산만.

카스피해부터 테헤란을 지나 자그로스 산맥을 넘어 페르시아만 까지, 온갖 자연 환경을 극복하며 거대도시와 고도를 잇는 토목 구조물의 보고라는 이유에서 최근 세계문화유산으로 지정된 이란종관철도Trans Iranian Railway만큼은 아니겠지만, 한국 철도 각 노선의 차창 역시 하나의 서사를 갖춘 이야기 같다. 이 글도, 집필했던 여러 책들도 모두 이 이야기의 힘을 받아 앞으로 나아갈 수 있었다.

이런 서사의 끝에, 우리는 모두 목적지에 도착한다. 이 목적지를 결정하기 위한 고민이 실은 여행의 시작이다. 왜, 여행의 재미는 계획하는 재미가 절반이라지 않나.

집필과 개념화에 쓸 땔감을 얻기 위해 혼자 다니는 답사라면, 이렇게 계획을 짤 때도 거의 군사작전처럼 간단하게 생각하면 된다. 정찰 지역과 점령 지점만 정해진다면 나머지는 현장에서 느끼면 된다. 모바일과 온라인 플랫폼의 도움도 있어 필요한 걸 찾기도 편하고, 무언가에 책임질 것도 없이 그냥 내 몸만 힘들면 되는 것이다.

하지만 누군가를 만족시켜야 한다면 머릿속은 복잡해지고, 인원이 늘수록 프로그램 구성은 힘들어진다. 지금껏 도시 답사를 여러 차례 조직해 보았는데, 내 기억에 제일 많이 끌고 다녀본 인원은 대략 15명가량 되었다. 사전 조사가 빈약할수록 해줄 말도 적어지고,

이례적 상황이 벌어지면 뭘 어떻게 해야 하는지 판단력도 둔해진다. 저마다 각기 다른 체력도 안배해야 한다. 오판할 때마다 사람들의 표정은 굳어진다. 표정만 굳어지면 다행일 것이다.

사람마다 현장에서 반응도 다르다. 천진하게 돌아다니는 사람들이라면 가이드도 편해지고, 분위기를 띄우기 위해 뭔가를 해야 할 필요도 적다. 하지만 사람들이 '어디 한번 잘 해봐라' 하는 굳은 표정으로 서 있으면 나 역시 당황하고 만다.

이런 상황을 피하고자 친한 여행 가이드와 여러 차례 상담도 했다. 그는 가이드할 때 가장 피해야 할 직종으로 교수를 꼽았다. 언젠가 가이드를 요청받았는데 상대가 교수 집단이라고 하자 거부한 적도 있을 정도다! 이유를 상세히 캐묻지는 않았다. 구력이 수십 년인 사람이 그러는 데는 분명한 이유가 있으리라 생각했다. 몇 가지 문제들을 수습하고 나니, 그가 왜 그런 말을 했는지 알 수 있었다.

그런가 하면, 수많은 사람들과 그리도 많이 여러 곳을 돌아다녔는데, 해변에서 해수욕을 하고 놀았던 기억은 올해까지 없었다. 거짓말이 아니고 정말이다. 개인의 관심 문제도 있지만 철도 노선 문제도 있을 것이다. 삼면이 바다인 나라이지만 기차가 닿는 해변은 생각보다 드물다. 해수부 데이터[12]에 잡히는 278개 해수욕장 중 역에서 걸어갈 수 있는 곳은 부산이나 강릉의 몇 군데 등 손에 꼽힐 정도다.

---

**12**  해양수산부_지역별 해수욕장 현황, 공공데이터포털, 2020. 06. 28. 수정.
https://www.data.go.kr/data/15056089/fileData.do

서해와 남해의 많은 해수욕장은 버스로 갈아타고 들어가야 하거나(대천 해수욕장도 역과 약 8킬로미터 떨어져 있다) 기차로 갈 생각을 하지 않는 편이 낫고, 동해안의 대부분은 철길이 닿지 않는다. 동해선 덕에 포항과 영덕의 해안에 철길이 몇 군데 더해졌고, 영덕~삼척 사이 구간의 완공이 몇 년 남지 않았으니 향후 상황이 달라지기를 기대할 따름이다.

이렇게 해변을 앞에 두고도 기찻길 생각에 정신이 팔린 나는, 결국 일행 덕에 바닷물에 풍덩 빠지고 말았다. 이렇게 물과 함께할 때면 인간보다는 동물의 이야기가 내 머릿속에 먼저 떠오른다. 모래사장 위에 서 있다보면 수십 년 전 해운대에 찾아왔다던 바다거북, 그리고 용궁과 토별가가 생각난다. 인천 앞바다 같은 곳에서 유람선을 타면 새우깡을 노리는 바닷새들과 실랑이를 벌이기도 한다. 이미 동물에게 너무 위협적일 만큼 빨라진 육상의 차량보다는, 여전히 동물의 근육으로도 수월하게 따라잡을 수 있는 배가 가진 일종의 여유 덕분일까.

이런 여유야말로 휴가에 어울린다는 생각을 하던 순간, 갑자기 소나기가 내린다. 동남아 여행 경험이 흔해져서일까, 아니면 기후위기에 대한 경각심이 늘어나서일까. SNS에서 이건 소나기가 아니라 '스콜'이라고 해야 하는 거 아니냐는 소리까지 자주 들린다.[13] 완

---

**13**   실제로 2020년대 들어 기상청에서 여름철의 기습적 강우를 분류하기 위해 계속 어휘를 검토하고 있다. 신용일, "스콜? 호우성 소나기입니다" 이상 기상에 신조어 등장, 〈국민일보〉 (2021. 07. 25.).

전히 쫄딱 젖은 생쥐 꼴이다. 비를 피해 들어간 건물 화장실에서 셔츠를 벗어 쥐어짜니 물이 주르륵 흐를 정도다. 숙소는 이미 체크아웃한 상황이니 적당히 에어컨 바람에 말려야 한다. 아, 조금만 잘못 말리면 옷에서 쉰내가 풍길 텐데…… 얇은 여름 옷이니 잘 마를 테고, 설사 안 마르더라도 쉽게 다른 옷을 살 수 있어 그나마 다행이라 생각하며 역으로 발걸음을 돌린다.

이렇게 젖고 나서 자리에 앉으면 졸음이 밀려오게 마련이다. 후텁지근한 열기를 뚫고 돌아오는 열차에 몸을 싣는다. 이번에도 다행히 예매에 성공한 덕이다. 수많은 사람들이 나와 같은 열차에 각자의 이야기를 안고 오른다. 이 모두를 조용히 잠들게 만드는 마력을 가진 밤 기차는 어둠을 가르며 고요하게 질주한다.

# 일주일간의 일상 여행

## 정희원

2023년 8월 18일

여행이라는 주제에 대해 글을 써야 할 때 가장 먼저 든 생각은 '내게 글을 쓸 만한 여행 경험이 있기는 한가?'였다. 신나게 교통편과 숙소를 예약하고 낮에는 여기저기 구경하고 맛있는 것을 먹기도 하고 물건도 사는 등의 시간들. 대학 졸업 후 업무 이외의 목적으로 가장 길게 어딘가를 다녀온 경험이었던 신혼여행의 기간마저도 3박 4일이었다. 큰 병원의 전공의(레지던트) 2년차 시절이었고, 우리 부부는 소위 '바이탈 과'였다.

곰곰이 생각하고 사전도 찾아본다. 여행旅行. 명사. 일이나 유람을 목적으로 다른 고장이나 외국에 가는 일. 그렇다. 지금까지 항공기나 기차를 타는 일은 대부분 업무에 수반되었는데, 이것도 여행에 끼워 준다면 정말 다행이다. 여기에 대해서는 할 이야기들이 있으니까.

## 범프의 주인공이 되다

박사 과정 학생이던 2016년 겨울이었다. 실험실의 연구비 사정은 넉넉하지 않았다. 운 좋게도 자기소개서와 초록을 써서 제출한 미국노화학회Gerontological Society of America, GSA에서 지원해주는 여행 지원 프로그램에 뽑혔다. 최소한의 체제비 정도는 해결되는 상황이 된 것이다.

우선 뉴올리언스까지 다녀올 수 있는 최저가의 항공권을 구해야 했다. 열심히 웹을 뒤져보니 다소 험해 보이는 여정이지만 단돈 87만 원에 인천-뉴올리언스 왕복이 가능한 유나이티드항공의 표가 있었다. 가는 표는 '인천-샌프란시스코-뉴저지 뉴아크(노숙)-뉴올리언스', 오는 표는 '뉴올리언스-시카고 오헤어-샌프란시스코(노숙)-인천'. 지금 생각하면 제정신이 아닌 일정이지만 당시에는, 편도 구간에서 한 번만 환승하는 표(약 200만 원)와의 가격 차이도 컸고 공항 노숙으로 숙박비도 아낄 수 있으니 해볼 만하다고 판단했다. '젊어 고생은 사서도 한다'지 않나. 낡은 보잉 747-400에 몸을 싣고 인천에서 샌프란시스코로 향했다.

여기까지는 별일 없었지만 샌프란시스코에서부터는 미 국내선의 열악한 인프라를 지독하게 체험해야 했다. 카운터에서 나를 불렀다. 비행기는 가득 찼고 내 표는 최저가 항공권이라 오늘 뉴아크 공항 행 비행기를 못 탈 수도 있다는 이야기였다. 이 무슨 황당한 소리인가 싶었지만, 당시 유나이티드항공은 비행기의 가용한 좌석보다 예약을 훨씬 많이 받아놓고(오버부킹), 결국 비행기가 넘치면 가장 가격이 싼 표를 가진 승객들이 탑승하지 못하게 하거나, 탑승했더라도 강제로 내리게 하는 관행이 있었다. 2017년 유나이티드 익스프레스 3411편 강제 하기 사건(사실 이 사건은 돌아가는 승무원을 태우기 위한 '데드 헤딩'으로 기전 자체는 다르지만)을 통해 유나이티드항공의 오버부킹 관행은 널리 알려졌다.

다행히 자리가 모자라지는 않아, 이번에는 늘씬한 757-200을 타고 새벽 두 시쯤 뉴저지 뉴아크 공항에 도착했다. 노숙을 막기 위해 의자에 금속 팔걸이를 죄다 붙여놨다. 나쁜 놈들. 어쩔 도리 없이 뜬눈으로 공항 바닥에서 밤을 지새고 뉴올리언스행 737-800에 몸을 실었다. 학회장에 무사히 도착했고 발표도 순조로이 마칠 수 있었다. 몸고생을 많이 한 만큼 학회에 더욱 몰입하려고 노력했던 것 같다.

문제는 돌아오는 비행기 편이었다. 이번엔 시카고로 가는 비행기의 자리가 아예 없단다. 이정표를 다시 들여다보니 오후 5시 30분에 뉴올리언스를 출발, 시카고 오헤어 공항에 8시 7분 도착, 이후 10시 55분에 출발하는 샌프란시스코행을 타서 다음날 새벽 1시 37분에 도착하면 아침 10시 40분에 인천을 향해 출발하는 747-400을 탈수 있었다. 그런데 오늘 시카고에 갈 수 없다니 어쩌란 말인가. 내일 아침 어쨌든 샌프란시스코에 도착해야 하는데, 초음속 항공기가 있는 것도 아니고.

아무튼 한 개의 티켓으로 연결된 스케줄이니 책임은 유나이티드에 있다. 시카고행 비행기는 이미 출발해버렸다. 상당한 시간이 흐르고서야 대책이 마련되었다. 다음날 이른 새벽 휴스턴을 거쳐 샌프란시스코를 향하는 티켓이 만들어졌다. 잠도 재워주고, 상당한 금액의 금전적 보상도 해주겠다고 한다.

개인 입장에서는 어쩔 도리도 없었던 데다가, 어쨌든 책임지고 인천에 제때 도착하게 해주겠다니 넘어가는 수밖에 없었다. 그러나 공항 탑승구 앞에서 반나절을 마치 난민처럼 무작정 기다린 경험은 평생 잊을 수 없을 것 같았다. 근처의 크라운 플라자 호텔에서 뜬눈으로 밤을 보내고 새벽 세 시에 공항 셔틀버스를 탔다. 우여곡절 끝에 무사히 인천공항에 도착했지만, 도착 후 며칠은 거의 앓아누웠다.

2016년 유나이티드항공의 범프, 그러니까 오버부킹으로 인한 좌석 미제공은 3,765건으로 승객 1만 명당 0.43명이 경험했다고 한다. 그토록 낮은 확률에 내가 걸린 셈인데, 회원 등급이 전혀 없는 유나이티드항공의 완전 뜨내기 고객인 데다 최저가 항공권을 선택한 탓이다. 이 여행을 위해 아이폰에 담아간 음반 중 피아니스트 랑랑Lang Lang의 신보인 〈뉴욕 랩소디〉가 있었는데, 이 음반의 주요 곡 중 하나인 거슈인의 〈랩소디 인 블루〉는 공교롭게도 유나이티드항공의 테마곡이다. 지금까지도 이 일을 떠올리면 랑랑의 이 음반에 저절로 손이 간다.

## 여행과 탄소 배출의 관계

일주일간 벌어진 이 경험은 이후 항공과 여행 산업을 천착하고 고민하는 계기가 되었다. 항공 산업은 더 많은 사람들이 더 많이 여행하도록 장려한다. 항공 여행을 더 많이 소비해서 해당 회사의 높은 티어를 보유한 사람은 범프를 경험할 가능성이 거의 없을 뿐 아니라, 전광판에 나타나는 좌석 업그레이드 명단의 앞쪽에 위치한다. 그렇게 여행의 소비는 위치재의 특성을 지닌다. 여행 산업은 더 소비적이고, 비용이 많이 들며, 이국적이고, 탄소 배출이 많은 활동을 더욱 멋진 것으로 포장한다.

SNS는 이런 소비적 여행의 경험을 과시하기 위한 좋은 수단이다. 휴가 기간을 얼마나 더 멋지게 채워 넣었는지 SNS에서 자랑하거나, 사람들과 서로의 여행지를 이야기하며 이를 비교한다. 그 결과, 휴가와 여행이 가지는 어떤 전형archetype이 사람들의 생각 속에 자리하게 되는데, 휴가 기간을 물질이나 경험을 소비하는 활동들로 빈틈없이 채워넣어야 비로소 알차고 보람된 시간 사용이라고 느끼는 심리가 사회를 지배한다.

여행의 소비가 일으키는 탄소 배출에 대해서도 고민하게 되었다. 구글 플라이트를 검색하면, 서울에서 뉴올리언스를 왕복하는 여정은 이코노미 승객 1인당 대략 700~1000킬로그램 정도의 이산화탄소를 배출한다. 선진국 시민이 평균적으로 배출하는 이산화탄소 환산 온실가스가 연간 8톤 정도 되는데 이를 인도인의 연간 2톤 정도로 당장 감축할 수만 있다면, 2100년까지 전 지구의 기온 상승을 평균 섭씨 2도 정도로 방어할 수 있을 가능성이 높아진다.

평균적인 미국식 식사는 연간 2.5톤 정도의 이산화탄소 환산 온실가스를 배출하는데, 이러한 라이프 스타일을 완전 채식(비건)으로 바꾸면 식생활에서 연간 1톤 정도의 절감 효과가 있다. 연간 1만 킬로미터 정도 차량을 운행할 때, 가솔린 차량을 하이브리드나 전기차로 바꾸면 얻어지는 온실가스 절감 효과가 이산화탄소 환산 1톤 정도다. 이런 효과들이 태평양을 건너는 비행 한 번이면 사라지는 셈이다.

학회 발표를 위해 2013년 이래로 매년 한 번 정도는 태평양을 건너는 나 자신을 돌아본다. 한편으로는 소형 전기차를 타고 채식 비중을 높이려는 노력을 하지만 반대로는 항공유를 물 쓰듯 태우고 있었다. 이후 먼 거리의 해외 학회 참석은 현재까지 그만두었다. 마침 2020년 코로나19가 전 세계로 퍼지며 온라인으로도 대부분의 학회에 참석할 수 있게 되었다. '가급적 비행기 타지 않기'가 삶의 지침에 추가되었다.

올해의 여름 휴가는 가족과 함께 집에서 시간을 보냈다. 상반기 여러 달 동안 무척 바쁘게 사느라 잃어버린 것들을 되찾고 싶었다. 마음 비우기, 운동하기, 잠자기에 힘썼다.

미치 앨범의 《모리와 함께한 화요일》에 이런 구절이 나온다.

24시간만 건강해질 수 있으면 (…) 아침에 운동을 하고 (…) 찾아온 친구들과 맛 좋은 점심 식사를 함께하고. (…) 그런 다음 산책을 나가겠어. (…) 그런 다음 집에 와서 깊고 달콤한 잠을 자는 거야.

나도 이렇게 했다. 매일 아들과 시간을 보냈고 가족과 함께 저녁을 먹었다. 비행기는 타지 않았지만, 놓치고 있었던 원래의 일상으로 떠난, 일주일간의 행복한 여행이었다.

# 기후 위기 속

지구는 불타고 있다. 내 집이 불타고 있는데, 그 불에 기름을 붓는 것을 자랑하고, 부유함을 과시할 만큼 어리석은 이는 없을 것이다. 하지만 개인의 이동을 비롯한 라이프스타일에 있어서는 어째서인지 다들 바보가 된 것만 같다.

# 이동의 문제

개인의 평소 이동을 살펴보면 분명 기후 문제로 향하는 틈이 숭숭 나 있다. 이 틈을 세심히 들춰보려고 다양을 방법을 시도해야만, 기후의 자리는 사람들의 생각 속에서 조금씩 더 늘어날 것이다.

# 올여름 지구는 불타고 있다

## 정희원

2023년 8월 25일

손을 씻은 후 물기를 닦을 수 있는 일회용 페이퍼타월이 설치된 화장실들이 있다. '한 장이면 충분하다'는 문구가 붙어 있는 곳도 많다. 굳이 이를 써 붙인 이유는 페이퍼타월을 한 장이 아닌 여러 장씩 뽑아 손 닦는 데 사용하는 사람들이 많기 때문이다. 어떤 이들은 서너 장 죽죽 뽑아서는 대충 손을 닦는다.

수많은 페이퍼타월이 이렇게 순식간에 폐기물로 전락한다. 나는 이런 이들을 마주할 때마다 물끄러미 인상착의(?)를 살피는 버릇이 있다. 저분들의 손은 대체 얼마나 고귀해서 네 명 분의 손에 사용될 만한 종이를 없애버리나 싶어서다. 이런 이야기를 하면 "참 별 쓸데 없는 것까지 신경 쓰고 사느라 스트레스 받겠네", "남 신경 쓰지 말고 너나 잘 먹고 잘 살아라" 등의 반응을 접할 가능성이 높다.

그런데 이보다 더 공격적이고 냉소적인 반응을 접할 때가 있다.

온실가스를 배출하는 과도한 여행이나 연비가 낮은 대형 SUV의 사용 등에 대한 의문을 제기하는 경우다. "내 돈 내고 내가 쓰는데 왜 참견이냐?"가 가장 기본 반응이다. 시장 경제에서 개인의 의사 결정은 개인의 몫이니 참견 말라는 식이다.

수렵, 채취 사회에서 이동은 기본 생존 수단이었다면, 지금을 살아가는 많은 이들에게 이동은 소비 수준을 과시할 수 있는 생활 방식이 되었다. 산업화 이전에도 가마, 말, 마차 등이 이동 수단을 위치재로 만들었다. 특히 현대 사회에서는 개인용 제트기나 슈퍼카, 대형 SUV처럼, 마치 마블링 가득한 쇠고기처럼 다들 부러워하는(부러워하도록 끊임없이 가스라이팅 당하고 있는) 것들은 죄다 비싸다. 동시에 굉장한 온실가스 배출을 포함한다. 그래서 온실가스를 많이 배출하는 삶을 사람들은 자랑처럼 여기기도 한다.

과연 그들은 자신의 돈이 지구를 멸망시키는 데 사용되는 것을 자랑할 권리가 있을까? 사람들의 이런 차가운 반응을 접할 때마다 나는 생각한다. 내 손은 몇 장의 페이퍼타월을 쓰레기통으로 직행시킬 권리가 있을까. 나는 일정 거리를 이동할 때 대체 몇 인분의 칼로리를 소모할 권리가 있을까.

사람은 1킬로미터를 걷는 데 40킬로칼로리(46Wh[14])를 소모한다. 자전거는 20킬로칼로리(23Wh), 휘발유를 쓰는 내연기관 중형 자동

---

**14**   1Wh는 1시간 동안 1W의 출력을 낼 수 있는 에너지의 양이다. 1Wh로 50리터 냉장고를 1분간 가동할 수 있다. 비교를 위해 아이폰 13의 배터리 용량을 이 단위로 환산해보면 12.41Wh이다.

차는 사람의 20배인 800킬로칼로리(930Wh)를 소모한다.[15] 산업사회 이전을 생각하면, 혼자 차로 출퇴근하는 행위는 사람 20명이 추진하는 인력거나 가마를 타는 것과 비슷한 행동이다. 그런데 전 세계 80억 사람들이 동시에 이런 행동을 모두 감행하면, 우리가 아는 지구는 멸망하지 않을 수 있을까?

평균적인 한국인은 지구와 지구의 생물권 그리고 인류를 멸망시키는 능력으로는 세계적으로도 상당히 높은 위치에 있다. 국제환경단체 '지구 생태발자국 네트워크GFN'는 각 국가가 지구 생태계에 가하는 부담을 비교하기 위해 '지구가 몇 개 필요한지'를 조사하여 발표한다. GFN의 2022년 보고 자료에 따르면, 2018년을 기준으로 전 세계가 한국인처럼 살기 위해서는 지구 4개가 필요했다. 전 세계 주요국들 중 미국, 호주를 넘어 3등을 차지했다. 전 세계가 모두 한국인이라면 1961년에는 지구가 0.25개면 되었지만, 1979년에 이미 1을 넘긴 1.1개가 필요해졌고 현재까지도 가파르게 증가하고 있다. 현재 전 세계인은 지구가 견딜 수 있는 용량의 1.75배를 소모하고 있다. 산술적으로 한국인은 전 세계인 평균의 2.3배나 되는 위력으로 지구를 멸망시키고 있다.

---

**15**    재미로 대중교통을 비교해보면, 전기로 가는 철도는 (고속철도와 지하철 모두 실제 수송량 기준) 승객 1명을 1킬로미터 이동시키는 데(인/km) 필요한 에너지의 양으로 환산했을 때 대략 50~60Wh/인km, 버스는 약 100Wh/인km 정도였다. 만원 전철이나 버스는 전체 평균보다 사람이 3~5배쯤 많으니, 오히려 자전거보다 효율이 높은 구간도 있는 셈이다.

# 앞으로 벌어질 일들

'나 죽기 전엔 별일 안 생긴다'라고 여기는 부류도 자주 접한다. 안타깝게도, 이렇게 대답하는 많은 사람들이 자연사하기 전까지 우리 지구가 안녕할 것 같지는 않다. 앞으로 무슨 일들이 벌어질까? 기후변화에 관한 정부간 협의체IPCC는 2013년 제5차 기후변화 평

### 시나리오별 온실가스 배출량과 넷제로(순배출 0) 전망

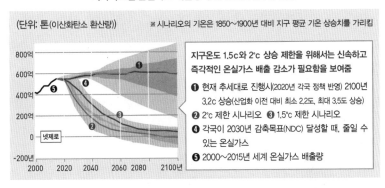

(단위: 톤(이산화탄소 환산량))   ※ 시나리오의 기온은 1850~1900년 대비 지구 평균 기온 상승치를 가리킴

지구온도 1.5c와 2°c 상승 제한을 위해서는 신속하고 즉각적인 온실가스 배출 감소가 필요함을 보여줌

❶ 현재 추세대로 진행시(2020년 각국 정책 반영) 2100년 3.2c 상승(산업화 이전 대비 최소 2.2도, 최대 3.5도 상승)
❷ 2°c 제한 시나리오 ❸ 1.5°c 제한 시나리오
❹ 각국이 2030년 감축목표(NDC) 달성할 때, 줄일 수 있는 온실가스
❺ 2000~2015년 세계 온실가스 배출량

### 숫자를 통해 본 기후변화

| | |
|---|---|
| **1.09°C** | **지구 온도 상승**<br>1850~1900년 대비 2011~2020년 평균 기온 상승치 |
| **1.0~2.0°C** | **인간이 일으킨 기온 상승**<br>1850~1900년 대비 2010~2019년 평균 기온 차이 |
| **2조4000억t** | **인간이 발생시킨 이산화탄소 누적 배출량**<br>1850~2019년 기준 |

※ 자료: 기후변화정부간협의체(PCC) 제6차 종합보고서

가 종합보고서(이하 평가보고서)에서 대표농도경로RCP, Representative Concentration Pathways라는 시나리오를 제시했다. 지구 에너지 평형 정도를 변화시키는 단위 면적당 에너지 정도를 숫자로 나타낸 것이다. 여기엔 네 가지가 시나리오가 있는데 RCP 2.6(인간 활동에 의한 영향에 대해 지구 스스로가 회복 가능한 경우), RCP 4.5(온실가스 저감 정책이 상당히 실현되는 경우), RCP 6.0(온실가스 저감 정책이 어느 정도 실현되는 경우), RCP 8.5(현재 추세로 저감 없이 온실가스가 배출되는 경우) 등이다.

IPCC는 2023년 발표된 제6차 평가보고서를 위해 다섯 가지의 공통사회 경제경로SSP, Shared Socioeconomic Pathways를 제정하기도 했다. SSP1-5까지가 있고 SSP1은 RCP2.6, SSP2는 RCP4.5, SSP5는 RCP8.5에 얼추 상응한다. 이렇게 선택지가 존재하면 어쩐지 사람들은, 미래도 알아서 중간치기는 할 것 같다고 쉽게 생각해버린다. 그래서 통상적인 정부 정책이나 출판물에 나오는 암울한 미래는 중간쯤에 있는 RCP4.5로 가정한다.

2030년대에 전 세계에 산불이 난무한다거나, 2050년대에 지구의 상당 부분이 거주할 수 없는 뜨거운 지역으로 변한다거나, 우리나라 전역은 곧 1년에 200일가량은 폭염에 시달린다거나 하는 것들은 '중간 정도'의 가정을 따른다고 할 수 있다. 그러나 요즈음 과학자들이 특히 안타까워하는 점이 있으니, 최근 몇 년간의 온실가스 증가 궤적은 소위 '최악'인 RCP8.5 시나리오의 예측 궤적을 한참 위쪽으로 뚫고 올라서고 있다는 관측이다.

2023년 발표된 IPCC의 제6차 평가보고서(127페이지 그림)에서 제시한 그림을 자세히 보면, ⑤로 표시된 과거의 온실가스 배출량 증가 속도 곡선에서 2020년 각국의 정책을 반영한 시나리오인 ① 곡선으로 이어지는 부분의 각도가 거의 45도 정도 보이는 오름세에서 평평하게 갑자기 뚝 꺾인다. 하지만 실제로 벌어진 그 이후의 상황을 보니, 2020년 코로나19로 잠시 주춤했던 전 세계의 온실가스 배출량은 곧 과거의 증가 속도를 이어가며 45도 각도의 가파른 선을 그대로 이어 매년 최대치를 경신하고 있다. IPCC의 보고서가 이야기하는 최악의 가정조차도 오히려 장밋빛 미래였던 셈이다.

지구의 평균 기온이 산업화를 기점으로 섭씨 1.5도 정도에 머물려면 10년 내에 전 세계의 온실가스 배출이 0에 도달해야 한다는 예측이 있었다. 그 이후 몇 년 만에 발생한 캐나다의 산불은 이미 한반도 전체 면적의 3분의 2에 해당하는 14만 제곱킬로미터를 태웠다. 나무의 형태로 저장되어 있던 온실가스가 대기 중으로 맹렬하게 방출되며 올해는 (당연하게도) 지구의 에너지 수지가 사상 최대 규모의 과잉을 기록하는 중이다. 즉, 실시간으로 지구가 가열되는 속도도 최고 수준으로 증가하고 있다는 의미이다.

이제부터는 영구동토의 메탄과 바다의 이산화탄소가 대기 중으로 날아오르는 속도 역시 더 빨라질 수밖에 없다. 게다가 냉방을 위한 에너지 소모도 필연적으로 늘어난다. 섭씨 1.5도 상승에 도달하기를 기다릴 필요도 없이, 기온의 상승이 온실가스 배출의 상승을, 온실가스 배출의 상승이 기온의 상승을 부르는 '양성 되먹임'은 이미 현실에서 일어나고 있다. 언제부턴가 세계는 '따뜻해지는 지구'를 '끓어오르는 지구'로 바꿔 부르기 시작했다.

제레미 리프킨은《회복력 시대》에서 진보의 가치를 최선으로 여긴 서구 사회가 의학, 경제, 사회, 문화 등 다양한 분야에서 400년간 눈부신 성과를 이룩했지만, 이제 그 인류가 스스로를 멸망시키고 있다고 이야기한다. 그는 "어떤 인간도 혼자만의 섬이 될 수 없고 완벽한 자율적 행위자도 될 수 없으며 어떤 식으로든 다른 모든 생명체와 지구 권역의 역학에 의존하는 존재가 될 수밖에 없다는 사실을 깨달았다"라고 말한다.

올여름, 지구는 불타고 있다. 내 집이 불타고 있는데, 그 불에 기름을 붓는 것을 자랑하고 부유함을 과시할 만큼 어리석은 이는 없을 것이다. 하지만 개인의 이동을 비롯한 라이프스타일에 있어서는 어째서인지 다들 바보가 된 것만 같다. 올해도 우리나라의 SUV 판매 비중은 역대 최대치를 돌파하는 중이다.

# 왜 혼잡 통행료는 낯선 이야기일까

**전현우**

2023년 9월 1일

방금 정희원의 글을 보았다. 어쩐지 앞 부분과 공방이 뒤바뀐 느낌이다. 앞서 자동차, 철도, 걷기를 거치며 사람들의 선택을, 그 선택을 가능하게 만든 사회 분위기를 비판했던 쪽이 나였다면, 사람들은 바보가 아니라고 주로 지적했던 쪽은 정희원이었던 것 같은데……. 수단을 주목하는 부분을 지나, 행동의 주체에 조명을 비추는 부분이라서 그럴까, 아니면 단순히 순서를 바꿔서 그런 것일까? 아무튼 '다들 바보가 된 것만 같은' 기분 속에서도 무언가 실마리를 찾아야만 한다. 위기 속에서 손놓고 있을 수만은 없지 않은가.

## 결국 차를 사는 사람들

이렇게 고민하던 차에 얼마 전 술자리에서 귀가 번쩍 트이는 이
야기를 들었다. 운전면허조차 없던 40대 여성이 드디어 차를 사기
로 결심했다는 이야기. 그는 시흥시에서 서울 강서구로 이어지는
통근이 너무 힘들다고 하소연했다. 이야기에는 크게 세 가지 변수
가 등장했다.

① 대중교통을 편하게 만들어야지!

그러나 버스는 말할 것도 없고, 새로 생긴 철도조차도 피곤한 경
험만 주고 있었다. 서해선 역 동선은 천국으로 가는 기분을 즐길
(?) 수 있는 엄청난 길이의 에스컬레이터로 이루어져 있다. 엘리
베이터로 동선을 처리하겠다는 GTX, 신안산선 등 대심도 역의
미래이기도 하다. 9호선은 지옥철이다. 외곽과 외곽을 잇는 순환
고속도로에 버스 노선을 많이 만들 수도 없고, 시간을 조정하는
데도 한계가 있다. 게다가 서해선처럼 외곽 연결 노선은 배차 간
격도 좁히기 어렵다.

② 강서는 원룸 왕국(?)인데 옮기는 건 어떨까?

하지만 좁고 비싼 집으로 옮기는 건 괴로운 일이다. 짐을 버리지
않으려면 지금 아파트를 유지하는 편이 낫다!

③ 상사가 운전하는 차량을 자주 타보았는가?

상사가 괜찮다고 해도, 상사가 인격적으로 훌륭한 사람이라 하더라도 그게 말처럼 편하지 않다!

기후 상황을 모르는 분이 아니었지만, 일상의 무게란 이렇게 무거웠다. 시간을 조절하기 쉬운 편이고, 같이 차를 타고 출장 갈 일도 별로 없는 사람이라 내가 지금껏 편하게 이야기할 수 있었던 것이 아닐까 싶어지는 순간이었다.

그러다가 지금 상황에 어떤 차가 적합한지로 대화 주제가 바뀌었다. 처음 타는 차량이라면 당연히 500만 원 이하의 막 탈 수 있는 오래된 중고차로 추천이 모아졌다. 그건 그렇다. 20여 년 전, 모친이 병원 식당 야간조 일을 구하자 택시를 타고 출퇴근하기 힘들다고 판단해 첫 차를 구매하던 때도 그랬다. 인천 모 중고차 시장에서 산 르망이 딱 그런 차였다.

이윽고 우리의 대화는 왜 SUV를 선호하는지로 화제가 바뀌었다. 경차를 잘못 타다가는 대형 사고가 나기 쉽고, 동승자나 내 목숨이 위태로워질지 모르니 SUV는 필수라는 것이다.

대화 속에서 점점 분명해졌다. 좋은 차는 누군가의 평가 덕분에 좋아진다. 이 평가는 삶의 맥락에 비추어, 생활의 맥락에 맞게 차량을 이용하는 사람의 평가이다. 그런데 삶과 생활의 맥락 속에서 기후의 자리는 단언컨대 없다.

## 자동차는 환상의 공급자인가

그럼에도 불구하고 삶의 맥락 속에서 틈새를 찾아 기후의 자리를 만드는 일, 이것이 앞으로 해야 할 일이다. 앞선 글에서 진행했던 공방 가운데, 조금 치사해 보이는(?) 방법이 떠오른다. 자동차가 '환상'의 공급자라는 것이 그 내용이다. 나는 거기서 환상이라는 말이 가진 모호성[16]을 적극 활용했다. '환상'은 신기루처럼 허황된 믿음을 말하기도 하고, 미래에 이뤄지리라고 생각할 만한 충분한 근거가 있는 믿음을 말하기도 한다. 자동차에 대한 허황된 믿음을 주로 언급하던 내 글에, 정희원은 어느 정도 근거가 있는 믿음이라는 생각을 내비추었다.

그렇지만 내가 믿는 구석이 없지는 않았다. 두 의미의 환상 사이에는 질적인 차이가 없어 경계가 흐릿하다. 가령 박정희가 경부고속도로를 놓아서 자동차 지배는 물론 지금의 한국 경제도 이끌어낸 만큼, 앞으로도 미래 자동차 산업과 도로를 통해 이러한 성공을 계속 반복하면 된다는 믿음에는 지난 50년간의 성공이라는 중요한 증거가 있다. 하지만 기후 위기 앞에서 이런 증거는 그리 견고하지 못할 것이다. 내연 기관차는커녕 전기차에도 문제가 있다는 사실은

---

**16** 언어철학에서는 모호성과 애매성(중의성)을 구분한다. 단어 A가 대상 a와 b를 서로 모호하게 지시한다는 말은, a와 b의 경계가 흐릿하므로 A의 의미도 둘을 엄격히 구별할 수 없이 흐릿하다는 뜻이다. 단어 C가 대상 c와 d를 애매하게 지시한다는 말은, c와 d가 완전히 구별되지만 단어 C가 c와 d를 모두 지시할 수 있어 맥락에 따라 의미를 파악해야 한다는 뜻이다.

정희원의 말처럼 이제 상식이니까. 이런 스케일에서는 결국 환상이라는 말이 제대로 먹힌다고 생각했다.

그렇지만 역시 50년의 성공이란 개인의 차원으로 내려오면 거의 바꿀 수 없는 압력처럼 보인다. 대체 어떻게 하면 효과적인 그림을 만들 수 있을까? 고전에 비벼보면 좋겠다는 생각이 먼저 든다. 기후 위기를 가능한 한 보수적으로 평가하면서도 노벨경제학상을 받은 책이라면 그럭저럭 쓸 만하지 않을까? 이 조건을 만족하는 《기후 카지노》(한길사, 2017)의 저자 윌리엄 노드하우스의 말을 들어보자.

나는 우리가 기후 카지노에 들어서고 있다는 비유를 사용할 것이다. 이는 경제성장이 기후와 지구시스템에 의도하지 않았지만 위험한 변화를 양산하고 있다는 의미다. 우리는 기후라는 주사위를 굴리고 있고, 그 결과는 우리를 놀라게 할 것이며, 그중에는 위험천만한 일도 있을 것이다.

국내에도 카지노가 있다. 사북. 이 도시, 아니 한국어의 감각대로면 읍내는 태백선 철길 주변에 있다. 이 노선은 산악 지역을 돌파하는 만큼 피서지로 적합하다. 예전에 여름을 맞아 불어난 급류 소리 속에서 머리를 식히러, 기차를 타고 가족과 함께 이곳을 방문했다.

카지노 주변에는 자신이 이길 수 있다는 사람들의 망상을 연료 삼아 이 동네를 살릴 돈을 확보한 곳이 즐비하다. 돈은 차를 타고 온다. 주차장 말고 다른 증거도 쉽게 목도할 수 있었다. 문자 그대로

한 집 건너 한 집이 전당포인 동네. 이들의 주요 전당물은 바로 유럽산 외제차이다. 정신을 혼미하게 하는 조명 뒤로, 비싸지만 먼지가 쌓인 차량들이 즐비하게 늘어서 있었다.

탄광촌 앞을 비싼 차량 무리가 점거한 모습을 보면,《기술과 문명》(책세상, 2013)에서 제기된 문명 비평가 루이스 멈퍼드의 주장이 떠오른다. 멈퍼드는 광업의 업무 특성이 이후 산업 문명에서 확인할 수 있는 조건을 예비했다고 말했다. 광업은 태양빛을 이용할 수 없는 땅 속에서 이루어진다. 게다가 이런 광맥은 우연히 광산업자의 손에 들어온다. '일확천금'이라는 말도 있지 않은가.

그러나 일단 이 우연을 잡고 나면, 노동 시간을 투입할수록 생산량이 늘어난다. 태양빛의 한계 따위는 상관없이, 일확천금을 노리고 찾아오는 사람들을 끊임없이 밀어넣는다면 더더욱 그렇다. 광산에서는 결국 24시간 365일 동안 쉬지 않고 몰아가는 업무 패턴을 잡아야 한다.

이런 필요가 착실한 조직화로 이어질 수도 있지만, 광맥을 찾을 때의 우연은 광업의 방향성이 조금 다르다는 점을 보여준다. 한 마디로 도박인 것이다. 물론 지질학적 지식이 동원되지만, 광맥이 경제성 있는지, 그 판단의 조건이 미래에도 유효할지는 지금 이 순간에 불충분한 정보만으로 이루어지는 일종의 도박이다. 이런 사고 방식의 유사성 때문에, 사실 사람들이 함부로 접근하면 안 되는 시설인 카지노가 결국 이 탄광촌에 들어선 건 아닌가 하는 생각까지 든다.

카지노, 석탄광 그리고 외제차…… 모두 묘하게 기후 위기와 엮여 있다. 기후 위기의 원천 중 하나인 석탄 덕에 우리는 '기후 카지노'에 입장한 상태이다. 외제차인 '벤츠'는 덩치 크고 탄소도 많이 뿜으며 디젤게이트라는 혁혁한(?) 실적까지 갖고 있다. 이 모두가 사람들을 도취 상태로 밀어넣는다. 한 번 도취를 경험하면 그 맛을 쉽게 잊을 수 없다.

## 혼잡 비용의 양가성

산 너머 강원랜드에서는 화려한 불꽃이 펑펑 터지고 있다. 계속 도취되어 있으라는 권고처럼 보인다. "이제 막 기후 카지노에 들어선 만큼, 충분히 뒤돌아서 걸어나갈 수도 있다"는 노드하우스의 언급을 유효하게 받아들이는 사람들이 생각보다 많기를 바라는 건 욕심일까. 차량에 도취된 사람들을 두고 카지노에 도취된 사람처럼 말하는 건 너무 심한 과장일지도 모른다. 과장을 털어내기 위해 산 아래로 내려가보자.

곧 명절이다. 이번에도 고속도로 통행료는 감면될 것이다. 차가 막히면 '고속도로'의 기능이 상실되니 요금을 받을 필요가 없다는 세간의 직관 덕이다. 사람들은 도로 통행료에 대해, 빠르게 달릴 수 있는 고급 도로 서비스에 대한 반대급부로 생각하고, 정체가 발생하면 그 가치가 사라진다고 믿는다.

그렇지만 경제학자들은 도로 값을 다른 의미로 생각한다. 도로 통행료가 무료가 된 이상 운전 비용은 더 떨어지게 되고 그럴수록 사람들은 도로로 더 많이 몰려나온다. 기능을 상실한 도로는 더 복잡해지고 속도는 아래로 더욱 곤두박질친다. 정체는 더 길어지고 탄소는 더 격하게 배출된다. 길을 더 확장해야 한다는 요구를 들어줄 돈조차 줄어들 것이다. 그럼 오히려 막힐수록 돈을 더 받아야 하는 거 아닌가? 여기서 '혼잡통행료'라는 개념이 나온다.

이 논리는 '혼잡 비용'에 기반한다. 혼잡 비용이란 각자가 다른 차량의 주행을 방해해 속도가 느려지면서 사람들이 겪게 된 피해를 말한다. 나는 혼잡 비용의 유발자이면서 피해자이다. 나는 다른 사람이 지나갈 공간을 막아서 길에 나선 그들의 속도를 떨어뜨리며 그와 동시에 다른 사람들 역시 내 차를 막는다. 내 차도 혼자 마음대로 달릴 때보다 느려진다.

혼잡 비용이 올해에만 몇조 원이라는 소리를 들은 적이 있는가?[17] 경험상 이런 이야기를 처음 듣는다는 사람이 대다수였다. 여기서 개인은 분열된다. 모두의 혼잡 비용을, 모두의 탄소 배출을 줄이려면 결국 내 주머니가 타격을 입어야 한다. 그러나 내 주머니만을 지키고자 하면 어쩔 수 없이 막히는 도로를, 탄소 배출의 후과를 계속 감내해야만 한다.

---

**17**　이 비용의 핵심은 서로의 앞길을 막아 잃게 된 시간의 규모에 일정 계수(시간당 가치)를 곱해 얻은 화폐 수치 값이다.

## 부조리한 소비자 쏠림 정체성

앞서 '경제학자'를 언급했다. 삶의 맥락에서 기후의 자리를 찾아내는 방법을 분명 알고 있는 사람들이라고 생각하기 때문이다. 방금 확인한 혼잡통행료가 바로 이들의 논리다. 게다가 이들은, 분명 적어도 10여 년 전까지는 국제 유가가 폭등해 무역 적자가 우려되면 유류 소비량을 억제해야 한다는 상식 정도는 갖추고 있었다. '석유 한 방울 안 나는 나라'라는 말은 엄연한 물리적 사실이다. 그 덕에 IMF 시절(김대중 정부)에는 유류세가 2~4배씩 오르기도 했다. 지금은? 유가 폭등의 대책으로 유류세를 감면해준다. 2023년 무역 적자만 봐도 걱정스럽지만, 〈조선일보〉조차 유류세 감면은 옳지 않다고 하는데도 세간은 조용하다.

나는 현 상황을 이렇게 평가하고 싶다. 교통 상황을 보면서 기후 문제를 떠올릴 만한 틈새 자체는 얼마든지 있다. 교통은 제한된 공간을 나누어 사용한다. 공간을 공유한다는 사실로 인해, 교통은 서로가 서로의 앞길을 막을 가능성을 가진 시스템이라는 결론을 쉽게 도출할 수 있다. 서로에게 혼잡 비용을 전가하는 시스템일 수밖에 없다는 뜻이다.

게다가 혼잡 비용의 논리는 탄소 배출 비용의 논리와 크게 다르지 않다(탄소 배출의 후과는 대기와 해양 전체에 수천 년 동안 영향을 끼친다는 점에서 영향의 시공간이 크긴 하다). 그렇지만 이런 틈새는 정책을 통해 메워져 있다. 요금 정책은 도로 혼잡이라는 현상을 한 개인의 속도

저하라는 차원에서만 해석하는 논리를 깰 틈이 되지 못하고, 오히려 명절에 도로 통행료 면제를 통해 개인 차원의 서비스 손실만 보상하는 데 그친다. 내가 다른 사람들에게 끼치는 손실은 무시되고 만다.

이렇게 틈새를 메우는 방식을 나는 《납치된 도시에서 길찾기》에서 '자동차 지배'라고 불렀다. 자동차는 당연한 것이고, 그 사용을 방해하는 정책은 전혀 용납되지 않는다는 의미이다. 그럼에도 불구하고 이것만으로 상황을 모두 조명하기에는 부족한 듯하다. 자동차를 단순히 사용만 하기 위해서라도 도로 사용자들을 관리할 규칙 정도는 있어야 하고, 혼잡통행료 정도는 그 논리와 상충하진 않으니까.

'내가 도로를 공유하는 타인에게 손실을 입힐 수 있다'는 명백한 사실을 사람들이 왜 무시하는지 설명하려면 추가 요소가 필요하다. 나는 이렇게 생각한다. 사람들은 자신을 도로 환경 생산에 기여하는 존재가 아니라 단순히 소비하는 존재일 뿐이라고 여기는 것이 아닐까. 이렇게 보면 모든 게 매끄럽다. 단순 소비자에게 혼잡이나 탄소 배출은 도로 서비스를 제공하는 관리자가 알아서 처리해야 할 현상이지, 도로 이용자가 비용을 분담해 뭔가 해야 할 사태는 아닐 것이다. 혼잡통행료가 급진적인 소리처럼 들리는 웃지 못할 사태가 벌어지는 이유는, 오늘의 도로 이용객들이 소비자 쏠림 정체성을 가지고 있어서가 아닐까.

이 옆에서 대중교통은 방치되어 있다는 점을 특별히 명시할 만하다. 명절 요금이 단적인 사례다. 명절에도 속도가 평소와 동일한 철도는 그렇다고 치자. 명절에도 고속버스가 요금을 받는 건 이상하지 않은가. 고속버스도 전용차로가 있는 경부고속도로만 벗어나면 거의 모든 노선에서 승용차와 함께 정체를 겪는다. 게다가 오늘날의 버스는 대표적인 서민의 교통 수단이다. 승용차 통행료가 0인데, 서민이 이용하는 수단의 비용은 그대로라니? 이건 뭔가 지독한 농담 같다. 게다가 버스로 승객을 유도하면 그만큼 혼잡 비용도 낮아진다. 분배 논리는 무시하더라도, 혼잡 비용만 봐도 승용차에서 돈을 걷어 버스를 지원하는 편이 낫다. 경제 논리대로면 버스 이용객이 승용차 이용객들에게 절감된 혼잡 비용만큼 돈을 받아야 할 것 같은데, 현실은 거꾸로 된 듯하다.

도박이나 환상을 언급하는 치사한(?) 방법을 사용하거나, 과장 없이 경제학자들이 할 법한 말을 써도 좋다. 분명한 점은, 개인의 평소 이동을 살펴보면 분명 기후 문제로 향하는 틈이 숭숭 나 있다는 사실이다. 산 속 카지노에서든, 꽉 막힌 8차선 고속도로 위에서든 말이다. 이 틈은 오늘날 눈에 잘 띄지 않도록 정책과 관행, 사람들의 믿음 체계 등으로 적당히 땜질되어 있다. 이 틈을 세심히 들춰보려고 다양한 방법을 시도해야만, 기후의 자리는 사람들의 생각 속에 조금씩 더 늘어날 것이다.

그래서 뭘 해야 하느냐고? 지금 통하는 방법, 다시 말해 돈을 쓰는 일이다. 혼잡통행료를 팍팍 올리고, 명절통행료를 많이 받고, 유류세를 충분히 올리자. 사람들은 바보가 아니니 그 돈이 충분한 범위인지 알아볼 것이다. 그러고 나서, 이 돈으로 뭘 할지 사회 전체가 모여 논의를 계속해야 할 것이다.

# 시야가 넓어져야

높은 하늘로 날아오른 새들과 같은 눈높이에서 보아야 이런 시
야를 확보할 수 있을 것이다. 새들의 시점에서 도시를 보면서, 대
중교통의 흐름은 뚫고 승용차의 흐름은 적정 수준에서 관리해야
한다.

# 문제가 보인다

거대도시에서 대부분의 사람들이 향하는 출근과 통학의 목표 지점은 서울 안에 존재한다. 사회의 이동력이 향상되어 더욱 넓은 범위를 출퇴근으로 오갈 수 있게 되었는데도, 사람들이 느끼는 출퇴근의 경험은 더더욱 끔찍해지고 있다.

# 편협한 개인의 시야를 넘어

### 전현우

2023년 9월 8일

2023년 어느 날, 2020년대 최악의 지옥철로 이름난 김포골드라인 혼잡을 다루는 세미나에서 발제한 적이 있었다. 2량, 정원 172명짜리 꼬마 열차에 370명이 탑승하는 지옥철. 1990년대 경인선처럼 10량 열차로도 부족해 복선을 복복선으로 증강하던 시절만큼은 아

길을 걸으며 열차를 타러 오는 사람들의 모습을 담은 김포시청역 벽화 ⓒ전현우

니지만, 거대도시에서는 여전히 예측이 조금만 실패해도 극심한 혼잡 상황이 발생할 수 있음을 보여주는 착잡한 장면이다.

발제를 위해 도착한 김포시청역 지하 대합실에는 길을 걸으며 열차를 타러 오는 사람들을 그린 미술작품이 설치되어 있었다. 새롭게 생긴 도시철도가 교통 정체나 탄소 배출 걱정에서 사람들의 일상을 해방시키지 못한 채 지옥철로 전락한 모습이 그림과 겹쳤다. 걷기와 철도의 결합이 결국 기후위기 시대 거대도시에서 이동하는 기본 수단이 될 수밖에 없다고 말해왔지만, 이런 내 주장의 한계를 고발하는 지독한 농담을 들은 느낌이다.

## 지옥철 관찰기: 김포 방면으로

발제를 시작하며 지도를 살펴보았다. 지도에서 김포는 동남측의 서울, 남측의 인천 및 서해안 제조업 지역에서 황해도의 주요 도시인 개성, 해주, 사리원, 나아가 평양 방면으로 이어지는 축선상에 위치해 있었다. 서울로부터 개성은 평택, 해주는 세종, 사리원은 대전만큼 떨어져 있다. 모두 철도가 힘을 발휘할 만한 거리인 것이다. 황해도가 대한민국에 속했더라면 김포는 서울과 서해안에서 출발해 이들 황해도 지역으로 가는 철도 노선들이 교차하는 지역이지 않았을까.

그러나 현실의 김포는 그렇게 되지 못했다. 2023년의 김포는 크

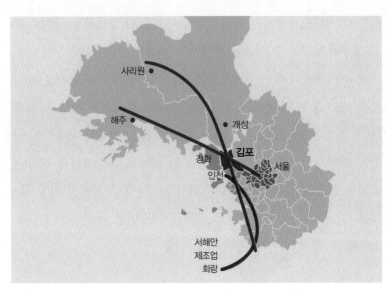

김포와 주변 도시의 위치

게 두 덩어리로 나뉜다. 하나는 시역市域 남동부, 서울과 인천에 인접한 신도시 및 구 김포읍 지역. 또 하나는 시역 서부, 강화 및 휴전선에 인접한 제조업 난개발 지역이다. 이 가운데 문제의 지옥철, 꼬마열차의 김포경전철은 시역 남동부에만 다닌다. 두 지역을 가르는 수도권 제2순환고속도로를 경계로, 내외부는 서로 완전히 다른 종류의 교통 지옥에 시달리고 있다.

경계 내부의 교통 지옥은 지옥철을 필두로, 중심 도시 서울 방면으로 돌입할수록 정체가 누적되는 깔대기 모양의 방사선 구조 때문에 발생한다. 경계 외부의 교통 지옥은 도로 구조가 근본적으로 농촌 마을 시대에서 달라지지 않은 탓이다. 이 때문에 주간선도로와

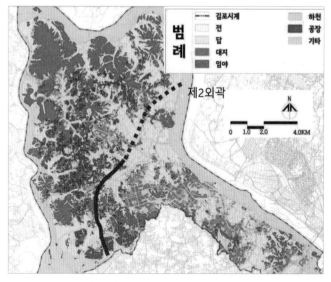

범
례

━━━ 김포시계
전
답
대지
임야

하천
공장
기타

제2외곽

N

0    1.0   2.0      4.0KM

김포시의 구조. 김포신도시 등은 제2외곽 동쪽이다          출처: 김포시, 2035년 김포
도시기본계획, 50쪽

몇몇 계획 구역을 빼면 방향을 찾기 어려운 난개발이 교통 지옥의
주요 원인이 되었다.

길은 과거와 마찬가지로 구불구불하고, 낡은 선거용 트럭 같은
고물들이 노변 곳곳에 쌓여 있는 난개발 지역에서, 철도는 그저 동
네 주민이나 철도 동호인들의 망상 속에서나 존재할 뿐이다. 그나
마 있는 버스도 거의 오지 않지만, 8만 명이 넘는 노동자들은(이것도
제조업 종사자만 집계한 수치) 낡은 도로를 따라 포도송이처럼 다닥다
닥 붙은 공장에 어떻게든 출근해 오늘도 일하고 있다. 이들에게 차
량은 필수품이다.

묘하게도 김포의 철도 계획은 이 경계를 넘지 않았다. 김포골드라

인 연장선이든, 인천 2호선 연장선이든, 5호선 연장선이든, 서부권 광역급행철도(이른바 GTX D)든, 모두 제2외곽을 철의 장벽처럼 여기고 있었다. 그러나 수만 명이 사는 통진읍(2023년 기준 인구 약 3.3만 명) 마송리가 이들 노선에서 멀지 않고, 강화로 가는 길은 상습 정체에 시달린다. 146페이지의 지도에 표시한 축을 따라 한강 하구에 철도교량을 놓는 일도 기술적으로 어려운 일은 아니다. 북한과의 관계만이 불투명할 뿐이다.

이유를 설명하기는 어렵지 않다. 애초에 이 축을 따라서 철도가 놓인 적이 없었다. 다시 말해 서울이든, 인천이든, 아니면 김포 자체든 이 축의 철도를 놓을 만한 기반을 시가지 내에 갖춰야 한다고 누구도 판단하지 못했다. 충분한 용량을 제공하고 자동차보다 빠른 철도망을 구성하려면 역과 본선 모두를 위한 공간이 필요한데, 김포 주변엔 그런 곳이 전혀 없다.

이야기된 것은 잘해봐야 지하철 9호선 연장뿐이다. 이미 서울 시내 수요만으로도 지옥철인 노선을 연장하기는 쉬운 일이 아니다. 실제 김포골드라인이 9호선과 직결 운행하기 어려웠던 이유도 이 노선의 역을 소규모로 건설할 수 없어서였다(서울시는 시내 열차가 그대로 운행할 수 있도록 8량 승강장을 건설할 것을 요구했는데 그러면 건설비가 신도시 수익으로 부담이 어려울 만큼 커진다). 1~2킬로미터마다 정차해야 하는 도시철도가 병행 고속도로망보다 압도적으로 빠를 수도 없다. 북한과 바다 때문에 통과 교통량이 있을 수 없는 지역인 만큼, 현재의 수요 가운데 다른 지역을 오가는 수요를 끌어들여 철도를 정당화하기 어렵다는 문제도 있다. 남북사업이라는 명목으로 철도 투자를 정당화하는 데도 한계가 있었다.

왜정기에는 경부선만큼 중요했던 경의선조차 사업이 현실화될 때까지 10년 가까이 허송세월을 보냈다. 제도도 지지해주지 않아 광역철도는 오랫동안 중심도시 시청으로부터 40킬로미터 반경 이내까지만 지정될 수 있었다.[18] 제2외곽순환선이 하필 서울 도심 기준으로 이 지정거리에 해당하는 반지름을 그리며 지나간 덕에, 막 생겨난 이 도로가 철도를 통해 뭔가를 해볼 수 있는 경계처럼 여겨진 듯했다. 게다가 김포는 경기도, 강화는 인천으로 나뉜 이 지역의 행정구역 덕에 이들 두 축의 구축에 통합적으로 관심을 기울일 주체도 없었다.

나는 이런 지형적, 행정적, 정치적 한계가 결국 김포골드라인에서 벌어진 정책 오류의 가장 근본적 원인이라는 생각을 굳히게 되었다. 신도시와 경전철 건설 단계에서 있었던 판단 착오[19]는 이 문제들에 비하면 영향력이 약했을 것이다. 애초에 48번 국도와 서해안을 따라 철도 축을 계획할 조건이었다면, 꼬마 열차는 실제 꼬마 열차에서만 그치지 않았을 것이다.

아직은 이렇게까지 이야기하는 연구는 찾기 어렵다. 발제에서 지

---

**18** 광역교통법 시행령에 이 기준이 있었다. 광역철도로 지정이 되면 각 지방의 교통 수요에 알맞은 '전철'을 굴릴 노선을 건설하기 쉬워진다. 이 기준은 2022년 6월에서야 삭제되었다.

**19** '고가를 전혀 짓지 않고 지하로 전 구간 짓는다', '사업 속도를 더 내기 위해 승강장 규모를 축소한다' 등등의 판단을 말함.

도까지 그려가며 짚었지만, 결국 이런 이야기도 토론회를 다룬 보도에는 소개되지 못했다. 학자 특유의 한가한 역사적 분석에 불과하다는 것이 많은 참여자들의 솔직한 감상이었을 테다. 그리고 세상이 지금까지와 비슷한 방식으로 돌아간다면 그렇게 나쁜 감상도 아니다.

## 이중 도시를 넘어서려면

그렇지만 아마 세상은 통째로 뒤흔들릴 것이다. 기후 '위기' 아닌가. 어디서부터 뭐가 잘못되었는지, 그렇게 하나하나 짚어보는 조용한 소리가 결국 위기의 시대에는 유용한 법이다.

김포에서 이런 깊은 인상을 받은 이유는 지옥철 때문은 아니었다. 냉정하게 말해 김포골드라인 정도의 지옥철은 워낙 흔해서 흥미로운 현상이 아니다. 인천 태생인 나로서는 지옥철이라면 어릴 적부터 지겹게 보고 경험해보았다. 지옥철을 해결할 수 있는 대책이 지적으로 흥미롭게 풀 수 있는 퍼즐 같은 것도 아니다. 단기적으로는 올림픽대로에 버스 전용차로를 놓고, 중장기적으로는 철도망을 추가하는 정도이니 논리적으로도 단순하다.

김포가 인상적인 이유는, 수도권 전체의 구조를 묘사하기 위해 사용한 개념의 표본을 김포에서 재확인할 수 있기 때문이다. 나는 《거대도시 서울 철도》에서 수도권과 한국의 대도시권은 이중 교통 환경 속에 잠겨 있는 이중 도시라고 평가했다. 도시에는 대중교통이 비교적 괜찮은 중심부가 있고, 열악한 주변부가 있다. 하나의 시역市域 내에 (계획) 철도망이 멈추는 명확한 단층이 존재하고, 그 단층 안쪽의 교통 문제는 쟁점이 되는 반면, 단층 바깥쪽은 문제조차 되지 않는 김포의 상황은 이 이중 구조의 전형이었다.

물론 탄소 배출량은 이처럼 문제로 생각되지도 않는 지역에서 급증하고, 오히려 서울에서는 천천히 잡히는 중이었다. 당연하다면 당연한 일이다. 버스조차 무너진 지역이라면 사람들은 차량에 의존할 수밖에 없다. 그리고 이렇게 대중교통을 고려하기조차 어려운 사람들이 김포에만 최소 8만 명, 수도권 전체로는 200만 명을 상회했다.[20] 가족까지 치면 수백만 명. 이들이 차량으로 다니도록 방치되어 있다는 점에서 수도권은 '이중 도시'라 말할 수 있다. 이중 도시는 철도망의 방향을 잡기 위해 수도권 공간을 검토할 때 내가 가장 강조하고 싶은 말이었다.

그런데 김포는 바로 이런 의미에서의 이중 도시가 하나의 시역 내에 분포해 있는 지역이었다. 게다가 이 이중 도시를 넘으려는 시도는 체계적으로 가로막혀 있어서, 이중 도시의 내측에서는 꼬마 지옥철이 형성되어 널리 주목받은 반면, 그 바깥의 열악한 상황은 무시된 채 이어지고 있을 따름이다.

이것도 쉽게 이해할 수 있는 일이다. 단층 안쪽, 지옥철을 타는 사람들은 서울, 특히 서울 도심지와 신개발지로 들어오는 한강신도시

---

**20** 제조업 종사자 수의 대략적 규모. 인접 산업까지 포함하면 훨씬 더 커질 수밖에 없다.

거주 중산층이다. 한편 단층 바깥쪽, 난개발 지역에서 일하는 사람들은 김포 곳곳의 구시가에 있는 사람들이거나 경기, 인천에서 출근하는 사람들이다. 아마 사장님들만 서울에서 역방향으로 통근할 것이다. 외국인 이주노동자들도 다수 있을 테고……

그런데 중산층들은 신도시에 비슷한 시기에 들어와 비슷한 경험을 하고 있어 하나의 정체성을 형성하기 좋은 인구 집단인 데다, 서울에서 여론을 주도할 가능성도 크다. 반면 제조업 종사자들은 다양한 도시에 퍼져 있고 자연발생적인 난개발 속에서 김포에 모여 살게 된 터라 모래알처럼 흩어지기도 쉽다. 서로 다른 방향에서 도로로 진입해오니 교통 정체의 경험도 파편적일 것이다. 공통의 경험을 여론으로 만들어내기도 쉽지 않다. 서울과 이질적인 주변부이기 때문이다. 이 과정에서 이들의 고통스러운 이동이 간과되는 건 매우 당연한 일이다.[21]

돌파구는 아직 찾지 못했다. 하지만 무엇이 필요한지 주장하고 말할 수는 있다. 아직 듣는 사람은 많지 않지만, 지금까지처럼 계속 이야기를 이어나가려는 다짐만은 꺾지 않았으니 분명 희망은 있으리라 믿는다.

---

**21** 사실 김포 같은 도시가 일자리가 없는 비 자족도시라는 말도 이들을 감안하면 쉽게 하기 어렵다. 2020년 기준 김포에 거주하는 통근통학자는 24만 명인 데 반해, 김포로 통근통학하는 사람의 수는 22만 명이기 때문이다. 일자리와 주거지가 불일치하는 인구가 김포에만 수만 명 존재한다. 교통이 그리 편리하지 않은데도 그렇다. 모든 계층과 산업에 걸쳐 직주분리가 이루어져 있고, 이것이 교통 지옥을 부른다는 말이 '일자리가 없다'는 성긴 말보다 훨씬 정확하다.

# 하늘을 나는 새들의 시점으로

김포라는 특정 도시에 대해 길게 이야기하는 이유는 이것이다. 결국 우리의 이동은 도시 속에서 이루어진다. 이 도시의 모습과 구조가 우리의 이동 환경을 결정한다. 그 속에서 우리의 선택은 특정 방향으로 조형되게 마련이다. 자동차가 지배하는 이 조형의 방향을 바꾸는 것이 기후 위기 시대를 맞는 모든 도시가 당면한 과제이다. 그리고 이를 통해 한 명의 사람이라도, 한 번의 통행이라도 더 걷기와 대중교통이 조합된 확장된 보행 공간으로 끌어들여야 한다.

다만 오늘의 거대도시를 바꾸려면, 지상을 이동하는 각 개인의 관점만으로는 부족하다. 지옥철의 고통만 볼 경우, 하나의 시역 내에서 일어나는 일조차 모두 시야에 넣을 수 없다는 사실을 김포는 말해준다. 거대도시 전체를 바꾸려면, 자동차 이외의 대안을 생각하기 어려운 바깥쪽 난개발 지역까지도 시야에 넣어야 한다. 중산층 말고도 다양한 계급과 인구 집단을 시야에 넣어야 한다.

이중 도시라는 문제점을 극복하기 위해서도 이곳에 사는 개인의 이동을 모두 포괄하는 시야가 꼭 필요하다. 높은 하늘로 날아오른 새들과 같은 눈높이에서 보아야 이런 시야를 확보할 수 있을 것이다. 새들의 시점에서 도시를 보면서, 대중교통의 흐름은 뚫고 승용차의 물량은 적정 수준에서 관리해야 한다.

새들의 시점은 편협한 개별 인간의 시점과 거리를 둘 수 있다는 점에서 때로는 유효하다. 날아올라 하늘 위에서 보았을 때 확보 가능한 시점으로 보아야, 가능한 한 많은 사람들에게서 동의를 받을 수 있는 최대공약수가 무엇인지도 확인할 수 있다. 중산층도 저소득층도, 남성도 여성도, 청년도 노년도, 어떤 인종이나 지역도 거부하지 않을 무엇을 찾아내고, 이걸 통해 기후 위기를 넘는다는 공동의 목표를 이동 공간 속에서도 구체화해야만 한다.

이 최대공약수로 가장 유력한 것은 결국 '철도'와 '걷기'에 매력적인 공원이라고 생각한다. 철도와 공원은 중산층이 개인적 소비로는 얻을 수 없지만, 동네에서 누릴 수 있는 삶의 질을 근본적으로 바꿀 수 있는 서비스이다. 수많은 시민들의 돈을 매개로 사업을 벌이는 사업자가 없다면 이런 서비스를 공급할 수 없다.

더불어 철도와 공원은 가난한 사람들에게도 유용하다. 대중교통은 말할 것도 없거니와 그들에게도 소통과 휴식은 필요하다. 가난한 할머니들이 동네 친구를 만나거나 강아지와 산책하려면 공원이 있어야 하고, 멀리 마실을 나가려면 전철이 있어야 한다. 물론 그들 중 많은 이들이 충분한 돈을 낼 수 있을 리 없으니, 서비스 공급에는 재분배 권한을 가진 주체, 즉 국가가 개입해야 한다.

이들 철도와 공원은 기후 문제에 대응하는 수단이기도 하다. 철도보다 자동차 통행을 대체하기에 더 좋은 대중교통은 없다. 더불어 역에 접근하거나 멀어질 때는 자연스럽게 사람들을 걷게 만들어 동네의 활기를 높이는 데 기여하도록 만든다. 이렇게 걷는 길을 풍성하게 만드는 건 공원이 가장 잘할 수 있는 기능이다. 도시 열섬 문제, 식물 자체의 탄소 흡수력 등의 효과로 보아도, 공원이 기후 완화와 적응에 이익이면 이익이지 손해일 가능성은 없다.

물론 철도와 공원 말고도 아주 많은 요소들이 이중 도시를 넘기 위해 필요할 것이다. 그러나 새들의 시점은 구체적인 것에서 거리를 두고 사태를 간략하게 만드는 매력이 있다. 그러기 위해 두 요소가 결합한 도시의 모형을 상상해볼 수 있다. 코펜하겐이라는 도시에서 처음 제안된 모형이긴 하지만, 북유럽과 한국의 거리가 상상을 방해하니 구체적인 도시의 이름은 지우는 게 좋겠다.

인간이 사는 이 도시의 구조는 손 모양이다. 도심 주변에 있어 접근성이 높아 땅값도 높은 지역은 최대한 개발한다. 그렇지 않은 주변부 지역은 무질서한 난개발로 밀도가 낮아지지 않도록 철도망 주변에 개발을 집중시킨다. 이 과정을 반복한 결과가 바로 손 모양이다. 이렇게 개발을 집중시키는 수단은 개발 제한이며, 제한된 지역은 녹지로 남는다. 녹지가 시가지로 인해 연속성을 잃지 않고 적어도 시가지를 이루는 손가락 사이를 채울 수 있도록 한다. 손가락 사이를 채운 녹지 역시 손 모양이 될 것이다. 녹지와 시가지가 서로 손을 맞잡은 듯하다.

나는 이런 모양의 도시를 '깍지 모형'이라고 부른다. 새들의 시점으로 볼 때, 기후 대응에 어느 정도 성공한 도시는 결국 이와 비슷한 모양으로 변모해 있을 것이다. 그렇지 않다면, 다시 말해 무질서한 난개발 지역, 그리고 대중교통이 역할을 하는 지역으로 나뉜 이중 도시라면 지속하기는 어려울 것이다. 적어도 그런 도시는, 기후 대응 노력에 무임승차를 해도 무방한 제도적 허점이 남아 있을 때만 지속 가능할 테니 말이다.


## 이동 역량 분배에 관한 잠깐의 몽상

깍지 모형을 현실로 옮길 수 있을지 상상하며, 다시 《모빌리티》를 펼쳐본다. 이 책의 9장('천당과 지옥으로 가는 문')에서 저자인 존 어리는 기후 대응에 성공한 사회가 운용하고 있을 제도에 대해 몽상을 전개한다. 아마르티아 센, 누스바움 등의 철학에 기반해, 어리는 인간의 삶은 그가 실제로 행위할 수 있도록 만드는 힘, 즉 역량의 수준에 따라 평가하는 것이 좋다고 말한다.

이동력은 이런 의미에서 역량의 일종이다. 이동은 다른 사람과 장소로 자신을 데려다놓아 타인 또는 장소와의 공현존co-presence 상태를 창출하는 행위이고, 수많은 자원을 동원하는 힘을 필요로 하기 때문이다. 그런데 기후 위기가 격화될수록 이러한 역량은 파괴되고, 우리 가운데 대부분은 지금 누리는 공현존 상태를 현실로 구현할 수 없게 될 것이다. 이동에 필요한 힘이 파괴되어 결국 이동하지 못하게 되는 '부동성 강요 상태'에 이르는데, 이것이 기후 위기가 가속화된 이동의 미래이다.

모두가 이 상태로 빠져드는 걸 피하는 게 지금의 과제이다. 그렇다면 서로 이동에 필요한 역량을 나누어 가지고, 나누어 쓸 수 있도록 하는 관리법이 필요하다. 어리는 '우정 마일 제도'가 필요하다고 말한다. 국제항공 자체를 없앨 수는 없으니, 사람들이 여전히 대양을 넘어 만나고 여행할 수 있도록 항공이 제공하는 역량을 나누어 가질 제도를 갖춰야 한다는 것이다.

나는 이 제안에 조금 더 살을 붙이고 싶다. 국제항공 분야에서 배출할 수 있는 탄소 톤수가 매년 최대 10억 톤으로 제한되었다고 하자.[22] 이 값을 각국 또는 주요 도시 간 통행로별로 배분할 수 있다. 바다나 산 때문에 항공이 불가피한 도시 간 통행에 우선 배분하고, 고속철도로 대체가능한 통행에는 이 자원을 배분하지 않는다. 더불어 도시 간 통행에 배분하는 탄소량은 우선 현재 도시 간 통행량에 비례해서 배분한다.

물론 이렇게, 지금의 불편만 주목하면 개도국이 불리해진다. 선진국은 다른 분야에서 감축 의무를 걸고, 동시에 특허료처럼 현재의 항공 배출 톤수를 유지하면 해가 갈수록 더 많은 부담금을 국제기구에 납부한다. 해당 부담금은 개도국의 도시에 철도와 공원을 갖추는 데 사용하여 이들 도시를 깍지 모형으로 바꾸어 나가는 데, 그리고 필요한 항공망의 에너지 효율을 높이는 데 쓴다. 이를 통해, 세계인 모두가 세계 어디든 자신을 데려다놓을 수 있는 최소한의 역량을 공유해야 한다.

너무 간단하고 순진한 몽상이다. 그러나 기후 위기 앞에서는 이

---

**22** 코로나9 이전 배출량의 대략적 규모. 제트 항공기를 유지하는 한, 그리고 유지(油脂) 작물의 재배량을 크게 늘리거나 수십 년 뒤 이퓨얼이 성공적으로 상업화되기 전에는, 국제항공의 단위 탄소배출량이 극적으로 줄어들 가능성은 별로 없다.

런 몽상도 무모함 이상의 의미를 지닌다. 언젠가 인류가 서로를 향한 증오를 거두고 무기 또한 전부 다 파기할 수 있다고 상상하는 철학자 칸트의 영구평화론보다는 현실적이고 간단한 제안이니까.

솔직히 말하면 이런 수준의 논의조차도, 누구 하나 총대 매고 내놓지 않는 것이 문제라고 생각한다.[23] 하긴, 러시아의 아에로플로트조차도 공개하는 온실가스 배출량 계산기를 대한항공은 제공하지 않는다. 현실은 당혹스러울 만큼 잔혹하다.

이런 몽상은, 도시 구조를 살펴볼 때 취했던 새들의 시점과는 조금 다른 의미에서, 새들의 시점을 취한 덕에 가능하다. 기후 위기 속에서도 이동의 역량은 일정 수준을 유지하도록 관리해야 한다는 핵심 목표가 있다. 이동에는 탄소 배출량을 줄일 수 있는 부분과 없는 부분이 존재한다는 현실을 직시해야 한다.

한편 개별 행위자들의 이해 관계 등의 문제는 목표를 활용해 높이 날아올라 때로 무시할 수 있어야 한다. 지상으로 내려와 발디딜 곳은 없지만, 그래도 이 시점을 포기할 수는 없다. 새들처럼 선회하면서 계속 지상을 살펴본다면 언젠가는 발디딜 만한, 즉 많은 사람들이 공유해 통약 가능한 지점을 찾을 수 있을 것이다.

---

**23**  《거대도시 서울 철도》의 마지막 보강(보강 11)에서 제안한 '국제철도협력기구'의 설치도 비슷한 생각에서 나온 그림이다. 안타깝게도 그에 대해서는 논평조차 없었다.

# 교통인가, 고통인가

## 정희원

2023년 9월 15일

 

앞에서 전현우는 김포골드라인을 중심으로 거대도시에서 벌어지는 이동의 고통을 조감도적 시각으로 천착했다. 철학자의 관점에서도 '인간의 삶은 그가 실제로 행위할 수 있도록 만드는 힘, 즉 역량의 수준에 따라 평가'하고 있는데, 이동력(모빌리티, 이동성)은 이런 의미에서 역량의 일종으로 해석하는 것에 감탄하게 된다. 앞선 글들에서 반복해 다루었듯이, 의학적 관점에서 인간의 내적 기능(내재역량)을 구성하는 요소 중 신체 기능은 사람의 삶과 죽음을 좌우할 뿐 아니라 생물학적인 노화 정도를 가늠할 수 있는 척도가 된다.

그런 면에서 거대도시는 역설적인 면이 존재한다. 인간과 동물(축력)의 신체기능을 넘어서는 교통수단들의 출현 덕에 물리적으로 출퇴근이 가능한 범위가 커졌다. 광역교통에서 사용되는 버스와 철도 자체의 물리적인 최고속력은 지난 50년간 크게 달라지지 않았는데도 거미줄처럼 점차 복잡한 네트워크가 형성된 결과, 출퇴근에 사용할 수 있는 심리적 한계 시간(약 편도 두 시간)에 도달할 수 있는 영역은 점점 넓어지고 그 안에서도 더욱 촘촘해진다. 거대도시에서 대부분의 사람들이 향하는 출근과 통학의 목표 지점은 서울 안에 존재한다. 그렇게 사회의 이동력이 향상되어 더욱 넓은 범위를 출퇴근으로 오갈 수 있게 되었는데도, 사람들이 느끼는 출퇴근의 경험은 더더욱 끔찍해지고 있다.

거대도시에 살면서 자신의 주거 지점을 선택하는 것은 결국 최소한의 인간적 주거 환경을 획득하기 위한 비용(평당 주거 비용), 출퇴근의 고통 정도에 더해 교육, 문화, 소비, 의료, 치안 환경 등을 고려한 복잡한 심리적 회귀식이 된다. 서울에서 출발했을 때, 어제까지는 물리적으로 출퇴근이 어려운 곳이었더라도 당장 내일부터는 출퇴근이 가능해지도록 만드는 소위 국평(84제곱미터)의 아파트는 같은 주거비용으로 확보할 수 있는 '상급지' 빌라(때로는 빛이 잘 들지 않고 때로는 골목에서 냄새가 날 뿐 아니라 주차는 상상만으로도 스트레스를 받을 수 있는)의 현실적 대안이 된다.

'사람들이 과밀화된 서울에서 벗어나 신도시를 향하면, 신도시(베드타운)의 국평 아파트에서 아이 둘을 낳고 행복하게 살 것이다.' 지난 40년에 걸쳐, 정부가 주장한 신도시 개발의 기본 가정이다. 그런데 지금 이 가설이 뒤집혔다. 평균적인 거대도시의 주민이 하루 두 시간을 출퇴근에 사용하게 된 현재 서울과 수도권의 출산율은 극단적인 수치까지 하락 중이다. 거대도시를 살아가는 평균적인 젊은 성인(30-40대)의 신체, 정신건강 지표 역시 지난 10년간 계속 악화되는 추세이다. 이 모든 현상은 서로 연결되어 있다.

## 바야흐로 '노동자 스프레드 스퀴즈' 시대

우선 거대도시의 교통망에 자동차와 사람이 왜 계속 증가하는지에 대해서는 단순히 이촌향도 현상의 지속에 따라 수도권에 사람이 늘고 있다는 근거 이외의 무언가가 필요하다.

첫째. 한국 사회가 초고속으로 가족 중심의 농경 사회에서 개인 중심의 현대 산업사회로 이행하는 과정을 고려해야 한다. 1963년, 한국 여성의 경제활동 참가율은 37퍼센트, 1973년에는 41.5퍼센트였다. 이 수치는 IMF 직전인 1996년 48.9퍼센트에 도달했고 2022년에는 59.9퍼센트로 증가한다. 아직 OECD 국가 평균인 64.8퍼센트에 미치지 못하며, 한국의 성별 임금 격차는 2021년 기준 OECD 1위인 31.1퍼센트다.

아직 우리나라가 성 평등 관점에서 사회적으로 나아져야 할 면이 많다는 점은 차치하고, 이 수치의 변화를 기술적으로 해석해보자. 한국여성정책연구원 통계DB를 보면, 옆나라 일본 여성의 경제활동 참가율은 1968년에 이미 50.7퍼센트였고 2020년에는 53.2퍼센트로 50년이라는 시간 동안 큰 차이를 보이지 않는다.

그와는 달리, 한국의 경제활동 참여 인구의 성별 구조는 상당히 빠른 속도로 바뀌었다. 우리나라에서 남성의 경제활동 참가율이 지난 50년간 꾸준히 70퍼센트대인 것을 감안하면, 설령 수도권 인구가 고정되어 있다고 계산하더라도 산술적으로 거대도시의 교통망을 출퇴근을 위해 이용해야 하는 사람의 수는 '70+40=110'에서 '70+60=130'으로 증가한다.

문제는 한국 사회가 생각하는, 1990년대에 머물러 있는 정상가족의 모형이다. '4인 가족 중 한 명이 돈을 벌고, 나머지 한 명은 양육과 가사를 전담하며 두 아이를 키운다.' 이 생각에 머물러 있으면 합계출산율 2명에 매달릴 수밖에 없다. 하지만 이제 한국 사회는 변했다. 통계청의 '2022년 하반기 지역별 고용조사 맞벌이 가구 및 1인 가구 취업 현황' 자료를 보면, 전체 유배우 가구(1,269만) 가운데 맞벌이 가구 비중은 46.1퍼센트다. 이 통계가 중요한 이유는 15~29세 부부의 맞벌이 비중은 50.1퍼센트이며 30~39세 부부는 54.2퍼센트라는 점이다. 적어도 지금부터는 아이를 낳고 키울 수 있는 연령대 부부에서 맞벌이를 '정상'으로 봐야 한다.

그런데도 아이를 키우다 보면 맞벌이는 여전히 '비정상' 취급을 받을 때가 많다. 코로나19 시기에 맞벌이인 우리 부부는 늘 불안에 시달렸다. 전교에서 단 한 명이 코로나19 검사 양성 소식을 들으면 해당 학교의 모든 아이들이 귀가해야 했는데, 직장이 집에서 한 시간가량 떨어져 있을뿐더러 당일에 휴가를 쓸 수도 없는 우리는 이런 일이 벌어지면 급히 여기저기 수소문해야만 했다. 언제나 집에는 '보호자'가 상주하고 있으리라는 기본적 시각이 전제하는 것이다.

이런 모습은 노년기의 의료와 돌봄에서도 관찰된다. 직계 가족인 '보호자'를 당연히 존재한다고 전제한 상태에서 모든 제도나 서비스가 설계되어 있다. 이를 두고 서울대학교 장경섭 교수는《내일의 종언?》에서 가족을 모든 사회, 경제 활동의 중심 단위로 삼는 '가족 자유주의'로 설명했다. 결과적으로, 직장이나 학업에 종사하지 않으며 항상 가족을 위해 기능할 수 있도록 준비된 어떤 사람이 존재하지 않고, 존재하기도 어려운 현대 사회에서 여전히 통념 속에 남아 있는 한국의 '가족자유주의'는 사회재생산의 위기를 낳는다.

매슬로의 '욕구단계설'을 이용하더라도, 맞벌이는 생물학적 생존을 목표로 하는 사회에서 자아 실현을 목표로 하는 사회로의 변화, 곧 전반적인 고도화에 따른 자연스러운 현상일 것이다. 하지만 전 세계적으로 외벌이가 소위 정상가족을 부양하는 일이 경제적으로 어렵게 바뀐 시기는 레이건과 대처가 세상을 호령하며 신자유주의가 세상의 패러다임이 되었을 때이다. 그 40년 동안, 소득에서 기업이 차지하는 비율이 극단적으로 증가하고, 최고 경영자의 소득이 중위 노동자 소득의 수백 배를 차지하는 것이 당연해지며, 나아가 자산과 소득의 비율도 최대가 된다.

나는 이를 '노동자 스프레드 스퀴즈 현상'[24]이라고 부른다. 중산

---

24  스프레드는 원유를 정제, 가공하여 판매할 때 판매가격과 제조 비용 사이의 이익을 의미하며, 스퀴즈는 경제적, 지정학적 상황 등으로 원가는 상승하고 판매가격은 감소하여 이익이 줄어든 상황을 뜻한다. 노동자 스프레드 스퀴즈는 경제, 사회 환경의 변화로 노동자가 가족을 형성했을 때 지속가능한 경제적 잉여가 발생하기 어려운 상황이다.

층이 모두 워킹 푸어가 되는 시대적 변화라고 볼 수 있다. 한 명이 넷을 먹여 살리는 시대가 바뀌어, 둘이 벌어 둘만 겨우 살기에도 빠듯해진 이 변화는 유독 한국에서 더 빠르고 극심하다. 전체적인 사회구조 변화의 속도와 관련 있으니, 중국은 더 심할 테고 베트남은 그보다 더 심할 것이다.

자산의 상승을 견디지 못하고 직장에서 더 먼 곳으로 이주하며, 맞벌이는 선택이 아닌 필수가 되었다. 서울이든 신도시든, 맞벌이 부부는 아이를 갖기 어렵다. 2022년 통계청이 발표한 '2021년 신혼부부통계'에 따르면 맞벌이 부부 중 유자녀 부부의 비중은 49.6퍼센트로, 외벌이 부부(60.5퍼센트)보다 낮았다. 맞벌이 부부의 평균 자녀 수는 0.59명으로 외벌이 부부(0.74명)보다 0.15명 적었다. 국민건강보험의 빅데이터 분석에 따르면, 동일 시군구로 출퇴근하는 여성의 합계출산율은 1.2명, 다른 시군 지방으로 출퇴근하는 여성의 합계출산율은 1.05명이었다. 결국 저출생은 지옥의 출퇴근과 궤를 같이하는 '노동자 스프레드 스퀴즈'와도 연관된 셈이다.

정작 정부는 오랜 기간 동안 많은 이들의 직장이 위치한 서울에 아이를 낳아서 키울 만한 양질의 주택을 최소한으로만 보급했다. 1인 가구 청년 세대는 '여관을 개조한 원룸에 살면 되지 않느냐'는 식의 부동산 대책을 내놓았고, 가족을 만들고자 하는 사람들을 서울 바깥으로 계속 밀어냈다. 그리고 역설적으로 서울 바깥으로 밀려나서 맞벌이를 유지하며 긴 시간을 통근에 사용하는 젊은 부부는 원하든, 또는 원하지 않든 출산에서 거리가 멀어진 삶을 살게 된다.

# 인구가 줄어도 지하철은 더 빽빽한 이유

둘째, 인구 구조 변화에 대해 사람 머릿수 자체를 넘어서는 그 무엇으로 볼 수 있어야 한다. 인구가 줄면 차가 잘 빠지고 지옥철이 한가해질 거라 기대할지 몰라도, 최소한 10~20년간은 어렵다. 정부는 2010년대 중반까지 일본이 고령화를 경험하며 은퇴자가 자산을 현금화하는 과정이 일정 부분 부동산 침체에 기여한 것을 구실로 서울의 주택 공급을 늘리지 않았다.

그러나 2020년대, 한국의 베이비부머 세대는 1990년대 초 일본의 60대 후반과는 달리 활발하게 경제활동을 유지하고 건강관리를 지속한다. 그래서 그들은 서울 집을 내다 팔지 않았고 부동산 버블은 오히려 심화되었다. 그러던 중 30대 중반에 접어들며 가족을 형성하게 된 베이비부머의 자녀 세대가 주택의 경쟁적 수요로 시장에 진입하게 되었던 것이다. 주택 수요로 기존 세대는 그대로 남고, 새로운 한 세대가 생겨나버린 것이다. 이와 마찬가지의 역학적 변화가 거대도시 내의 이동에서도 관찰될 수 있다.

최근의 설문조사에서 우리 사회 구성원들이 생각하는 '노인' 해당 연령은 73세 정도다. 건강 지표를 고려했을 때 한국인에서 의학적, 생물학적으로 노인에 해당하는 연령(건강보정 기대수명)도 73세가량이다. 공교롭게도, 현 시점의 실질적 평균 은퇴 연령 역시 이 시기에 해당한다. 우리 사회는 누가 노동에 참여하는지를 놓고 자꾸 가치판단을 하려는 경향이 있는데, 청년이 일을 하지 않으면 문제로 보고, 결혼한 후에 부부가(남녀, 남남, 여여 및 이외 다양한 조합이 가능하다) 모두 일하면 '맞벌이'라는 현상으로 이름 붙이며, 65세 이상의 사람이 일을 하면 노인빈곤 이슈를 제기한다.

하지만 가치판단 없이 바라보면, 그저 사회 구성원들은 '성인'에 부합하는 몸과 마음을 유지한다면 어떤 형태로든 경제 활동을 유지한다고 볼 수 있다. 물론 기대수명 증가 추세에 따라, 실질적 경제 활동 유지의 기간은 더 길어질 가능성이 크다. 저출생이 심화되면서 젊은 성인이 번 돈으로 고령자를 부양하는 '세대 간 이전'이 현재와 같이 유지될 가능성이 낮아질 것이다. 게다가 노-노老-老 간병 같은 모습으로 질병과 노쇠, 장애의 문제로 기능에 영향을 받기 전까지는 평생 동안 현금 흐름을 만들어내는 시대가 온다. 이것은 '노동자 스프레드 스퀴즈' 시대에는 더 심화될 수밖에 없다.

그 결과 1980~90년대 사회에서 주로 20~59세 남성이 광역 교통망을 활발하게 이용하던 것에서, 앞으로는 20대부터 80대 이상까지, 그야말로 남녀노소가 모두 경제활동을 하며 광역 교통망을 활발하게 이용하게 된다. 저출생으로 인구가 감소되는데도 거대도시의 삶은 더 빽빽해진다는 얘기다. 그렇게 빽빽해진 거대도시를 오가는 사람들은 몸과 마음이 너덜너덜해진 채, 결혼과 출산을 포기하고 말 것이다.

사회 변화와 맞물리지 않은 '신도시 정상가족 형성 가설'은 일종의 업보를 만들었다. 그 업보 때문에 사회의 항상성에 자연스러운 피드백 고리가 만들어졌다. 저출생이라는 현상 역시 정상가족에 매달리는 분위기에서는 고쳐야 할 병적 현상으로 치부될 수 있다. 하지만 저출생 현상은 어쩌면 우리 사회가 견딜 수 없을 정도로 과밀해진 상황에서, 인구가 새로운 평형점을 찾아가는 하나의 과정일수 있다. 최근 〈중앙일보〉는 '출퇴근 지옥'이라는 제목으로 거대도시의 이동이 미시적, 거시적으로 일으키는 문제에 관해 분석했다.

시리즈 기사의 내용 중 나의 눈길을 끈 것은 장거리 출퇴근이 건강에 미치는 악영향에 대한 연구 소개다. 경희대학교 직업환경의학과 신순수 등이 약 4만 명의 성인을 분석한 연구에서, 왕복 통근 시간이 두 시간 이상인 사람들은 30분 이하인 경우보다 1.47배 우울하고 2.03배 불안하며 2.12배 더욱 피로했다. 출퇴근 시각, 도로와 지하철에서 사람들 얼굴이 매우 화나 보이는 것도 어쩌면 당연하다. 다른 연구들에서, 긴 통근시간은 고혈압, 고지혈증, 비만, 수면시간 감소와 연관성을 보였다.

우리나라가 전쟁 중인 우크라이나보다 출산율이 낮다는 이야기를 많이 듣는다. 출산율을 제고하기 위한 수많은 대책이 양산되고, 2022년 저출생 대응 예산은 무려 51조 7,000억 원에 이른다. 하지만 '젊은 사람은 서울에서 먼 곳에 정주하여 정상가족을 이루어야한다'는 뿌리 깊은 가설 자체에 문제가 있다는 반성은 그 어떤 정책에서도 아직까지 접하지 못했다.

# 이동의 미래를

"차 없는 날을 우리 동네에서도 진행해보자."
이 말을 교외 신도시에서도 좀 더 쉽게 꺼낼 수 있는 그 조건이
무엇일지, 좀 더 많은 사람들이 함께 고민하면 좋겠다.

# 생각하며

거대도시 사람들의 모습은 급격하게 달라질 것이다. 그 숨가쁜 변화 속에서 거대도시민의 이동을 어떻게 구상하고, 이를 구현해내는지가 우리 미래의 건강과 행복, 그리고 넷제로의 달성까지도 좌우할 것이다.

# 우리 동네에서 '차 없는 날'을 진행할 수 있을까

**전현우**

2023년 9월 22일

9월 22일 오늘은 세계 차 없는 날world car free day이다. 자동차가 지배하는 도시 속에서 자동차를 덜 이용하는 방법을 생각해보자는 캠페인이다. 1950년대부터 도로를 점거하는 전술이 모색되었고, 이후 1990년대에 공식화된 이 프로그램은 서울에도 2007년부터 도입되었다. 비록 이제는 그 캠페인을 이야기하는 사람이 극히 드물지만…….

마침 이날, 내가 글을 써야 할 차례이자, 이 프로젝트의 마지막 편지를 세상에 내놓게 되니, 우연인지 필연인지 모를 일이다.

차 없는 날은 '자동차를 파괴하자'는 러다이트 운동의 날이 아니다. 오히려 차량을 가능하게 하는 수많은 조건을 반성하고, 그 내용에 따라 교통망의 이곳저곳을 조금씩 만져보며 사회적 실험을 진행해보려는 의도에 가깝다.

우리의 연재도 이 실험과 비슷한 무언가를 시도한다. 두 저자는 자신의 이동에서 출발한 이동 조건이 다른 사람들에게도 비슷한 의미로 다가오는지 점검해보려 한다. 이런 점검을 밟아나가다 보면 인체와 인간의 삶을 지나 도시를 넘어 일국의 변화, 나아가 행성 차원에서 진행 중인 기후 위기까지 도달하게 된다는 이야기였다.

그렇지만 지금은 이 모든 것이 따로 놀고 있다. 두 저자는 따로 노는 것들을 이어 붙이고 싶지만, 생각을 공유한다고 해서 모든 부분에서 생각이 일치하진 않는다. 서울, 서울, 서울이 문제이다. 서울에 사람을 더 몰아넣는 건 쉽지도 않고 적절한 방향도 아니라고 생각한다.


## 서울, 서울, 서울

세계 도시의 방향이 바뀌었다. 정보화와 함께 오히려 대도시 집중이 강화되고 있다. 세계 도시 체계에 대한 연구로 명성 높은 사스키아 사센의 《세계경제와 도시》(푸른길, 2016)에서 보통 규모의 국가뿐만 아니라 캐나다, 호주 등 대륙 규모의 거대 국가에서도 일극 집중이 강화되고 있다는 사실을 명확히 확인했다. 또한 집중은 단지 도시 권역의 일이 아니라 도시 중심부city proper, 즉 도시권의 핵을 이루는 중심 도시 방향의 집중이기도 했다. 유럽이나 북미 주요 도시는 물론, 심지어 도쿄조차 2000~2010년대 도시 중심부의 인구가 늘어났다.

이러한 세계의 방향을 현재 한국 상황에 대입하면 이런 식이다. 그냥 내버려두면 서울 일극 집중은 오히려 더 심해질 것이다. 정보화 덕에 서울에서 생기는 일자리는 더 늘어나고 다양해질 것이다. 노동자로서는 다양성이 큰 일자리 시장과 가까이 있는 편이 낫다. 그 덕에 중심 도시의 인구도 늘어날 것이다. 이렇게 핵으로 더욱더 몰리는 사이, 경기와 인천의 인구는 상대적으로 진정된다.

그렇지만 현실에서 서울의 인구는 줄고 있다. 절대 수치도 이제 정점(1990년 1,060만 명)에 비해서는 100만 명 이상 빠진 상태이다. 인천과 경기의 인구는 지금도 늘고 있다. 일자리는 여전히 서울이 경기도보다 많다(2021년도 기준, 서울 456만 : 경기 448만). 조금 더 뜯어보면, 남자 일자리는 경기도에 더 많은 데 반해(서울 253만 : 경기 267만), 여자 일자리는 서울에 더 많다(서울 202만 : 경기 181만). 넓은 땅이 필요한 제조업, 그리고 도심에 밀집한 서비스업의 성별 및 공간 분포가 그대로 반영된 결과이다.

상황은 이렇다. 서울에서 사람이 빠져나가는 현상은 세계적 흐름은 물론 일자리의 분포와도 맞지 않는다. 그리고 이런 현상 때문에, 정희원의 말대로 보호자가 상주할 수 없는 집이 늘어날 것이다. '가족 자유주의'를 고수하든, 단지 사람들의 통근 시간과 거리를 줄이기 위해서든, 서울에 살 수 있는 사람을 늘리자는 발상이 자연스럽다.

하지만 서울은 좁다. 농담으로 산을 부수자는 이야기도 있지만, 서울의 임야 면적(137제곱킬로미터)은 대지(건물을 짓는 땅, 223제곱킬로미터)의 절반, 도로(80제곱킬로미터)보다 조금 넓은 정도에 불과하다. 설령 임야를 모두 부수는 극단의 조치를 취해도 거기에 200만 명 정도 거주하면 다행일 것이다. 도로와 철도, 학교와 공원을 위한 면적도 필요하니까. 제1외곽순환고속도로의 안쪽 공간을 서울로 바꾼다 해도 새로 개발할 면적은 크지 않을 것이다. 실제로 지금은 미래를 위해, 그리고 서울의 무분별한 확대를 막기 위해 설정했던 그린벨트를 싹 개발해 채워나갈 뿐이다.

1인 가구를 위한 지원도 논란의 여지가 크다. 효율의 공간인 도시, 그것도 서울에서 한 사람만을 위한 집으로 넉넉한 규모를 쓸 수 있겠는가. 1인 가구는 2인 이상 가구보다 인원당 화장실도, 가전제품도 더 많이 필요하니, 도시를 이루고 사는 이유 중 하나인 규모의 경제와 반대로 가는 건 사실이다.

## 끝나지 않는 지하철의 악순환

그렇지만 1인 가구로 사는 것 역시 도시의 규모 위에서 가능하다. 거대도시에서는 생활에 필요한 많은 기능을 집 밖의 상업 시설에 외주할 수 있고, 쉽게 일자리를 구해 관련 비용을 조달할 수 있으며, 집 역시 어마무시한 양으로 준비되어 있어 선택의 다양성이 보장된다.

그러나 그와 함께 달성해야 할 (소박한) 목표는 무시무시한 귀결을 가진다. 충분한 개인의 공간, 나아가 녹지는 물론 기후 문제를 비롯한 장기적 미래까지, 결국 함께 달성할 수 없는 모순적 목표들을 모두 달성하라는 압력으로 소용돌이치는 공간이 우리의 거대도시인 셈이다.

거대도시 속의 길 역시, 함께 달성할 수 없는 목표 속에서 헤맨다. 그동안 자동차가 가진 문제만 주구장창 욕했으니 이젠 대상을 철도로 돌려보자. 거대도시의 철도 문제 중 '지옥철'보다 욕하고 비난하기 좋은 현상도 없다. 모두 힘들다고 말한다. 나 역시 지하철에서의 러시아워는 피할 수 있다면 무조건 피한다.

이렇게 열차에 사람이 많은 건 당연히 서울에 사람이 많기 때문이다. 대중교통을 이용하는 사람들 역시 조금씩이지만 계속 늘어난 것도 사실이다. 그렇지만 데이터는 지하철이 과거보다 많이 나아진 상태라는 사실을 보여준다.

177쪽 그림은 서울 도시철도 차량의 혼잡도 기준을 나타낸다. 혼잡도 100퍼센트는 차량 설계시 서 있는 사람을 감안해서 설정한 정원, 즉 160명/량을 기준으로 계산한다. 좌석은 54석/량, 긴 좌석이 7석에서 6석으로 줄어들고 나서는 48석/량이니 100퍼센트라고 해도 사람들은 혼잡하다고 평가할 것이다. 서 있는 사람이 한 량에 110명이라는 뜻이니(실제로 전동차 무게로 혼잡도를 송출하는 장치가, 사람이 꽤 많이 들어찬 객차의 혼잡도를 '양호'라고 띄우자 혼란스러워한 사람들이 많았다고 한다). 일단 150퍼센트가 정부의 혼잡 관리 기준이라는 점을 기억해두고 역사적 발전변천을 보여주는 175쪽 그림을 살펴보자.

1980년대 후반~1990년대 초반, 데이터의 시작점부터 혼잡도는 역대 최고를 기록한다. 1989년, 언론에서 '지옥철'이라는 말이 처음

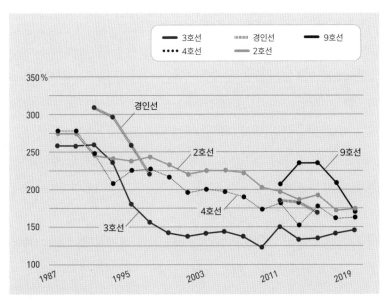

서울 주요 노선의 혼잡도 추이. 전체 노선 가운데 최정점 구간 기준. 2, 3, 4호선은 서울교통공사 (1990년대 이전은 내부 자료), 1990년대 경인선은 당시 언론 보도, 2010년대 경인선 및 9호선은 철도통계연보

등장한다. 1기 지하철(1~4호선)이 갖춰진 직후(완전 개통 1985년)인 만큼 혼잡도를 관측해야 한다는 필요성이 더 커졌을 것이다.

그런데 1990년대 중반부터는 조금씩 혼잡이 줄어든다. 승용차가 보급되고 도시고속도로(강변북로, 올림픽대로, 내부순환로)로 이들이 수용되는 한편, 여전히 대중교통을 이용하는 사람들은 2기 지하철 (서울 5~8호선), 분당선이나 과천안산선(4호선 남측구간) 등 광역철도로 분산되었기 때문이다. 특히 3호선은 1999년에 이미 150퍼센트 이하로 내려갔고 4호선, 2호선도 일단은 정원의 2배 이하의 인원만 탑승한다. 2000년대 후반 들어 혼잡도 수준은 조금 더 내려갔다.

이때 사람들에게 충격을 준 것이 9호선이다. 과거 상황을 모르는 젊은이들은 9호선 때문에 '지옥철'이라는 말이 생겼다고 생각할 정도다. 게다가 강남과 여의도를 직접 잇는 노선이다. 1990년대 수준의 혼잡이 이런 '황금' 노선에서 나타난 것에 많은 사람들이 놀란 듯하다.

나는 이를 일종의 파동으로 해석하는 것이 정확하다고 생각한다. 철도 같은 인프라 투자는 두 방향으로 기준을 벗어날 수 있다. 예측보다 이용량이 너무 많은 방향이 하나, 반대로 예측보다 이용량이 너무 적은 방향이 또 하나. 전자는 지옥철로 이어지며 후자는 과잉 투자라는 비난으로 이어진다. 이런 평가는 다음 세대의 투자 규모에 영향을 미친다. 지옥철 시대 뒤에는 당연히 그걸 해결하라는 요구가 빗발칠 것이다. 한편 과잉 투자가 이어졌다면 당분간은 대규모 투자를 중단해야 한다는 압력도 커져, 작은 규모의 노선만 건설될 것이다.

실제 서울에서는 초기 투자 이후 1990년대에 지옥철 파동을 한 차례 겪었지만, 1990년대 투자 이후 2000년대 들어서 철도는 과잉 투자라는 평가가 지배적이었다. 철도의 과잉이라니? 이상한 소리라면, 서울 5호선 역사 구조물의 크기를 생각해보면 느낌이 올지 모르겠다. 이 노선은 정말 어쩔 수 없는 몇몇 역을 빼면 웅장할 정도로 널찍한 통로와 역사로 이뤄져 있다. 이미 개발된 여러 지역을 통과해, 부지가 별로 없는데도 그렇다.

그럴 수 있었던 이유는 실제 수요(하루 약 60만, 승차 기준)보다 배 이상 많은 사람들이 타리라고 예측했기 때문이다. 건설 부채도 많

## 혼잡도 100%, 150%, 200%의 객실 내 상황 묘사

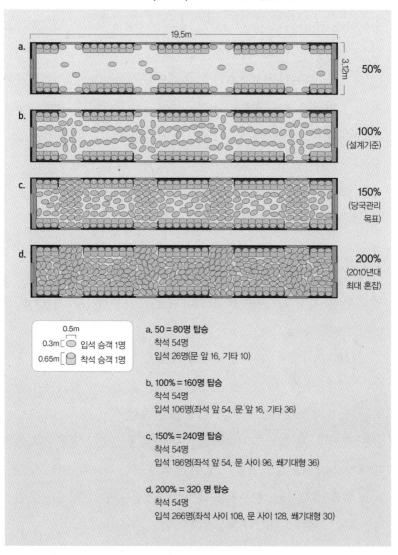

a. **50%**

b. **100%**
(설계기준)

c. **150%**
(당국관리목표)

d. **200%**
(2010년대 최대 혼잡)

19.5m

3.12m

0.5m
0.3m ⬭ 입석 승객 1명
0.65m ⬮ 착석 승객 1명

**a.** 50 = 80명 탑승
착석 54명
입석 26명(문 앞 16, 기타 10)

**b.** 100% = 160명 탑승
착석 54명
입석 106명(좌석 앞 54, 문 앞 16, 기타 36)

**c.** 150% = 240명 탑승
착석 54명
입석 186명(좌석 앞 54, 문 사이 96, 쐐기대형 36)

**d.** 200% = 320 명 탑승
착석 54명
입석 266명(좌석 사이 108, 문 사이 128, 쐐기대형 30)

좌석 54석(긴 좌석 7석) 기준. 《거대도시 서울 철도》 328쪽에 수록한 그림의 일부

이 생겼고, 도로 규모도 줄었고, 살얼음 얼기 딱 좋은 복공판 위를 위험하게 지나다니도록 시민들을 내모는 고생을 해가며 뚫었는데 실적이 이렇다? 투자를 줄이자는 말이 나오는 게 당연하다. 당시에는 버스가 오히려 더 중요하다고 우선시하던 이야기도 많았다. 하지만 그 바람에 2010년대 들어 다시 지옥철이 등장한 것 같다.

그럼 2023년의 상황은 어떨까? 1990년대와는 비교할 수 없을 만큼 나아졌다. 2000년대보다도 좋아진 듯하지만 2010년대보다 나아진 것 같지는 않다. 적어도 2000년대 볼 수 있었던 규모의 개선을 확인할 수는 없을 것이다. 그동안 과잉 투자를 막기 위해 발달한 각종 제도 덕분에, 1990년대만큼 광범위한 투자가 이뤄지지도 않았다. 한편 사람들의 소득은 늘고 과거에 확장된 망을 따라 이동도 늘었다. 결국 자동차는 계속 늘고 '지옥철'은 수도권의 여러 틈새마다 다시 돌아왔다.

이런 회귀에 대한 대응 중 하나가 새 철도에 대한 열광일 것이다. 많은 사람들에게, 저 지옥철과 무관한 새로운 철도는 정희원이 말하는 '노동자 스프레드 스퀴즈 현상'을 완화할 수 있는 해결책으로 보일 것이다. 토지가 싼 지역에 철도를 새로 놓으면 적당한 가격의 주택까지 더 빠르게 도달할 수 있어 주택 공급을 확대할 수 있고, 그러면 일을 좀 덜 해도 신도시의 쾌적한 환경을 누릴 수 있도록 도울 수 있다는 게 이런 관점의 핵심이다.

그러나 철도 투자만으로 이런 악순환을 벗어날 수는 없다. 돈도 돈이지만(그래서 과잉 투자 아니냐는 의심을 피하기 어렵지만) 돈을 어떻게

든 만들어내도 열차 역시 한계가 있는 수단이다. 2복선을 깔아, 10량 열차를 나란히 20량씩 공급해도 사람이 많으면 결국 열차는 꽉 들어 찬다. 혼잡도 100퍼센트라도 결코 사람이 줄었다고 느낄 사람은 많지 않을 것이다. 앞쪽의 그림을 확인하면 이해가 쉬울 것이다.

게다가 기존 노선 주변은 오래된 만큼 개발에 한계가 있다. 경인 선 주변 2킬로미터 이내에는 20년 전에도 200만 명이 살았고 지금 도 그렇다. 결국 새 축이 필요하지만 서울과 수도권에서 쉽게 개발 가능한 땅이 남아 있을 리 없다.

더 먼 곳에 신도시를 짓는다면? 당연히 더 빠른 열차가 필요하다. 인천의 경우, 일부러 서울에서 먼 곳에 지은 신도시인 송도를 위해 비싸고 과잉 투자가 될 가능성이 큰 GTX B를 굳이 추진하고 있을 정도다. 물론 이 열차는 기존 열차보다 비쌀 수밖에 없다. GTX의 운임은 새마을호와 동급일 정도이니, 결국 길은 돈과 미래를 준비 하는 우리의 여유를 먹어 치운다.


## 교외 거주자들의 세 가지 패턴

결국 우리는 오도 가도 못하는 최악의 상황에 있다. 모두가 도시, 그것도 콕 집어 서울을 원한다. 청년이든 노년이든, 1인 가구든 다 인 가구든, 남성이든 여성이든, 가난뱅이든 부자든. 하지만 서울의 길은 좁고 철도조차 지옥철 신세를 면치 못한다(도로의 부실한 용량으로 이런 거대도시를 지탱할 수는 없다). 사람들이 원하는 수준으로 혼잡도를 낮추려면 주요 축은 모두 2복선을 깔았어야 했다. 이 와중에 교외의 배출량은 계속 늘어나고, 그에 따라 거대도시를 담고 있는 기후 시스템은 파국으로 치닫는다.

그렇다고 손놓고 있을 수는 없다. 그럼 어디서 다시 출발해야 할까? 그럼에도 불구하고, 수도권을 기준으로 해도 서울로 출퇴근하는 사람이 절대 다수는 아니라는 점에서 시작해보자.

저번 회차에서 본 김포의 경우, 서울 3도심(4대문, 영등포-여의도, 강남)으로 출근하는 사람은 전체 출근자의 10퍼센트 정도이다. 분당 등 다른 여러 신도시에서도 20퍼센트 미만이다. 이들은 신도시의 씨앗이자 서울의 영향을 자기 도시로 퍼뜨리는 기능을 하기는 하지만, 결국 뒤집어 말하면 베드 타운이라고 해도 통근자의 80퍼센트는 서울 도심이 아닌 다른 곳으로 향하는 사람들이라는 뜻이기도 하다. 이 가운데 절반 이상이 같은 도시 안을 돌아다니는 경우다(김포는 60퍼센트 정도). 많은 사람들이 다니는 통행의 방향은 생각보다 다양하며 거리가 항상 긴 것도 아니다.

사회학, 지리학계의 모빌리티 연구를 참조하면 이들을 더 풍성하게 분류할 수 있다. 파리 교외 주민들의 이동 패턴을 세 범주, 이를 다시 아홉 종류로 나눈 로돌프 로디에의 연구를 확인해보자.[25]

---

**25**    크리스토프 게이, 실비 랑드리에브, 아나이스 르프랑-모랭, 클레르 니콜라, 리오넬 루제, 《근교의 복권》, 김태희 옮김, 엘피, 2021: 47~52.

1. 거주지 속박형

  1.1 내향형: 출퇴근 이외의 이동을 거의 하지 않는 사람들

  1.2 은둔자: 정기적으로 이동하지 않고 독립적인 이동 수단도 보유하지 않은 사람들

  1.3 포로: 독립적인 이동 수단은 있으나 충분한 돈이 없어 주변 도시로 자주 이동할 수 없는 사람들

2. 소도시 활용형

  2.1 마을사람형: 통근 이외의 활동은 대체로 자기가 사는 소도시에서 처리하는 사람

  2.2 다재다능형: 중심 도시뿐만 아니라 주변 소도시도 생활 속에서 일상적으로 활용하는 사람

3. 외부지형형

  3.1 중심지 통근자: 중심 도시로 매일 통근하며 주말에도 오가는 사람

  3.2 외곽 방문자: 중심 도시의 외곽부로 통근, 방문, 출장을 하며, 도심에는 잘 들어가지 않고 순환도로를 이용하는 사람

  3.3 과잉 이동자: 하루 중 긴 부분을 이동에 소비하며, 외곽의 집에는 잠만 자러 들어오는 사람

  3.4 부재자: 타 지역에 직장 등 거점이 있고, 주말이나 휴가 등에 가끔만 교외에 방문하는 사람

이렇게 늘어놓고 보니 좀 딱딱해 보인다. 서로 겹치는 데다, 자신이 실제 어떤 유형인지 답하기 곤란한 경우도 있을 듯하다. 그렇지

# 파리 교외 주민의 모빌리티 구조

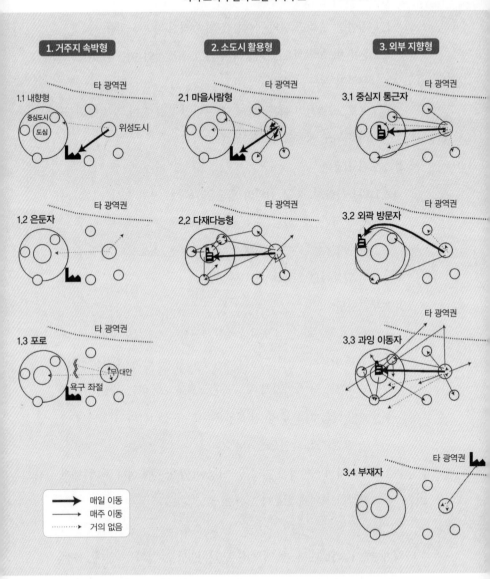

**1. 거주지 속박형**

1.1 내향형
타 광역권
중심도시 도심 · · · · 위성도시

1.2 은둔자
타 광역권

1.3 포로
타 광역권
욕구 좌절 무 대안

**2. 소도시 활용형**

2.1 마을사람형
타 광역권

2.2 다재다능형
타 광역권

**3. 외부 지향형**

3.1 중심지 통근자
타 광역권

3.2 외곽 방문자
타 광역권

3.3 과잉 이동자
타 광역권

3.4 부재자
타 광역권

➡ 매일 이동
→ 매주 이동
⋯⋯⋯➤ 거의 없음

《근교의 복권》 47~50쪽 그림을 참조하여 저자가 그렸다.

만 이만큼 다양한 사람들이 모두 존재하는 곳이 교외이다. 그러니 신도시 언저리 동네, 인천 변두리 출신의 직감을 믿고, 한 번씩 (교외 사람이라면) 자신과 가족이, (서울 사람이라면) 교외에 사는 친구가 어떤 삶을 살고 있는지 맞춰보면 좋겠다. 성격 유형처럼 테스트를 만들어 자신이 어떤 유형인지 확인하는 것도 재미있지 않을까.

## 자동차의 지배에 놓인 교외

이들 모두에게 유용한 수단이 있으니 바로 승용차다. 교외 신도시를 돌아다니든, 주변 소도시를 방문하든, 서울이나 다른 지역으로 가든 승용차는 언제나 이동력을 제공할 수 있다. 그것도 개인 맞춤으로. 그 덕분에 '자동차 지배'는 바로 이들 종족이 모여 사는 교외와 비수도권에 만연해 있다.

우리 두 저자는 이 '자동차 지배'의 주변을 정찰하며 그 틈을 찾아왔다. 더 많은 사람들이 서울로 향해야 한다는 결론을 내려도 된다면, 상황은 생각보다 쉽다. 서울 내부는 자동차 지배가 기후와 무관하게 이미 약해지고 있으니, 수단과 방법도 현재 상황을 강화하면 된다. 혼잡통행료, 주차료, 교통유발분담금, 유료도로…….

그렇지만 서울로 향하는 건 역시 한계가 있다. 적어도 서울이 거주 인구를 늘리기에 너무 좁다는 것만은 명백하다. 아마 출생률도 서울 인구를 다시 늘리면 더 낮아지지 않을까? 대도시에서 출생률이 낮다는 건 상식이니까. 출생률이 과도하게 낮아진 사회는 사실 미래 세대의 목소리와 피부로 부대끼지 않는 걸 택한 사회라는 점에서 기후 대응의 이유도 떨어질 것이다.

그렇다면 결국 기후 위기 시대의 전장은 교외, 교외, 교외라고 나는 생각한다. 자동차가 지배하는 이 장소를 대체 어떻게 바꿔야 오늘의 개인에게도, 먼 미래의 개인에게도, 그리고 미래 세대와 비인간에게도 좋을 것인가?

지난 시간에 확인한 '깍지 모형'을 떠올려보자. 도심부와 도심에서 뻗어나온 대중교통 축 주변으로 시가지가 발달하게 만들고, 그 주변에는 토지 이용 규제를 걸어 싼 땅값을 찾아 승용차 이용만 가능한 조건을 감수하려는 개발을 억제하는 것이다. 이렇게 되면 도심을 중심으로 하는 '도시의 손'이 한쪽에, 그리고 그 사이에 손가락을 뻗으면서 아예 도시권 밖 녹지에 뿌리를 둔 '녹지의 손'이 한쪽에 있게 된다. 이들 두 손이 서로 맞잡은 모양을 이루고 있으니 '깍지'라는 말이 제격이다.

이 모형을 소개했던《납치된 도시에서 길찾기》등에서도 충분히 답하지 못했던 질문이 여전히 남아 있다. 오늘의 교외에 거주하는 사람들은 깍지 모형에 어떤 입장일까? 이들 입장을 유형화할 수 있는 기반이 바로 전에 소개한 로디에가 제안하는 세 종족의 교외 거주민이다. 외부 지향족은 토지 규제가 강화되고 승용차 이용 여건이 악화되면 손해를 보겠지만, 철도가 체계적으로 갖춰져 주변 대도시로 가기가 수월해지고, 역 주변이 보행 공간으로 재편되어 생활 기능을 수행하는 데 불편하지 않으면 전체적으로 큰 손해는 없을 것이다. 역 주변의 생활 기능 강화가 이뤄지면 소도시 활용족 중 마을사람형에게도 도움이 될 듯하다.

반면 소도시 활용족 중 특히 주변 소도시를 자주 오가는 사람들이 문제다. 소도시 사이에 철도는 듬성듬성하고, 토지 규제로 시가지 사이 간선도로 주변의 활용이 줄어드니 손해가 클 것이다. 기존 간선도로 위에 버스를 투입하고, 환승센터를 구축하는 방향으로 불만에 대응할 수밖에 없지 않을까.

거주지 속박형들은 어떨까? 깍지 모형을 따르는 도시로 변화해서 큰 손해를 입진 않겠지만, 직접 이익이 되려면 자전거 길이나 보도 같은 실핏줄이 더 편리해져야 할 것이다.

지금으로서는 모두가 자동차 지배 속에 잠긴 교외. 이들 지역에서 차 없는 날은 사실 '귀신 씻나락 까먹는 소리'에 가까울지 모른다. 지금처럼 시내 도로뿐 아니라 며칠만은 교외 국도와 고속도로를 운동장으로 바꾸자는 말이며, 그동안은 극히 빈약한 대중교통과 시민들 자신의 사지에 의존해달라는 이야기니 말이다.

그렇지만 기후 위기 상황에 대응하려면 그처럼 불가능해 보이는 일들을 해내야만 한다. '차 없는 날을 우리 동네에서도 진행해보자'는 말을 교외 신도시에서도 좀 더 쉽게 꺼낼 수 있는 그 조건이 무엇일지, 좀 더 많은 사람들아 함께 고민하면 좋겠다.

# '민족 대이동'을 바라보며
# 미래를 고민하다

**정희원**

2023년 10월 4일

평소보다 2.5배로 길어진 전현우의 마지막 글 "우리 동네에서 '차 없는 날'을 진행할 수 있을까"를 읽고 연재의 마무리에서 도시인의 이동에 대해 늘 생각하며 할 말이 많은 저자의 아쉬움을 느낄 수 있었다. 내 심정도 마찬가지이다. 액션 영화를 보면, 리볼버 권총에 총알이 고작 한 발만 남아 있지만, 쏘아야 할 상대는 무수히 많은 위기의 순간이 클리셰처럼 나온다. 지금이 딱 그런 느낌이랄까. 어느 해보다 일찌감치 더워진 2023년 봄, 흑석동 양꼬치 집에서 작당이 시작된 우리의 교환 편지는 이 글이 마지막이다.

서론, 방법론, 결과와 토론이라는 과학 논문 형식으로 글쓰기를 배운 골수 이과생인 나와, 반대편 극단의 스타일로 내용을 전개하는 전현우의 글이 앞뒤로 붙었지만, 각자의 일과에서 세상의 지속 가능성, 거대도시 사람들의 행복까지 한 바퀴 둘러 여기에 이르렀다. 접근 방식은 달랐지만 뜨거워지는 지구에 대한 걱정, 우리를 포함한 많은 사람의 고생을 바라보는 안타까움, 그리고 더욱 지속 가능한 이동 수단들에 대한 애착은 다르지 않았다. 특히 개인적으로는 어느 때보다도 사람의 이동이 가지는 지속 가능성의 문제를 많이 고민한 지난 몇 달이었다.

## 철도, 안 타는 것이 아니라 못 타는 것

민족의 대이동, 추석 연휴다. 국토교통부가 약 1만 세대를 대상으로 실시한 설문조사에 따르면 2022년에 귀성 또는 여행을 다녀온 사람은 67.9퍼센트였다. 추석 전날, 서울에서 부산까지 경부고속도로로 9시간 10분이 소요된다는 뉴스가 나온다. 이 책의 '첫 번째 편지'에서 나는 평균 시속 30킬로미터로 고속도로에 갇힌 채 대전을 거쳐 광주로 향했다. 추석 귀성객이 체감하는 고통은 내가 경험했던 석가탄신일 연휴 직전의 중부고속도로 상황보다 훨씬 심할 것이다.

바로 앞 글에서 전현우가 이야기한 것처럼, 철도의 과잉 공급과 과소 공급은 역사의 파동처럼 반복되며, 결과적으로 있어야 할 곳에는 꼭 기차가 부족하다. 현재의 고속철도 노선은 선로 용량을 이미 최대한 활용하고 있어서 공급의 탄력성도 떨어진다. 서울-광명 구간, 평택-오송 구간 등 물리적인 선로 용량의 제한으로 일본의 신칸센처럼 4~5분 간격으로 배차할 수도 없는 노릇이다. 풍선 효과로 자연스레 자동차가 합리적인 대안으로 떠오를뿐더러, 전현우의 지적처럼 연휴 기간에는 고속도로 통행료마저 무료라는 차량 선택의 경제적 인센티브까지 생겨난다.

차량의 평균 이동 속도가 느려질수록 공회전과 가감속의 비중이 커지며 자연히 단위 거리당 탄소 배출도 많아진다. 혹자는 전통적인 차례, 성묘 문화가 점점 사라져가면서 이런 대이동 현상도 줄어들 것이라 예측하지만, 사람들이 고향에 가지 않더라도 대신 여행지를 향하게 될 테니 이동의 수요 자체는 크게 달라지지 않을 것이다. 수도권에 거주하는 인구가 꾸준히 증가하는 만큼, 긴 연휴 기간 거대도시에서 탈출하고자 하는 이들의 수요도 오히려 늘어날 수 있다.

한국도로공사는 추석 전날(2023년 9월 28일) 전국 고속도로 교통량을 569만 대로 예상했다. 추석 연휴의 피크 고속도로 교통량은 역사적으로도 증가 추세이다. 2014년에는 525만 대, 2013년은 502만 대였다.

차량의 수송 분담률도 늘고 있다. 정책자료집 〈10년간 명절연휴 통행실태〉에 따르면 추석 연휴 승용차의 수송 분담률은 2008년 79.4퍼센트에서 2017년 89.3퍼센트로 증가했다(190페이지 그림 참조). 이러한 추세는 지속되고 있으며, 2023년의 국토교통부 전망치로는 승용차가 92.0퍼센트, 고속버스가 0.8퍼센트, 시외/전세버스가 2.3퍼센트, 철도가 3퍼센트, 항공이 1.5퍼센트, 해운이 0.5퍼센트를 분담할 것으로 예상하였다. 철도의 분담률은 안타깝게도 2008년 4.4퍼센트에서 2023년 3퍼센트까지 꾸준히 줄어들었다.

대전과 서울을 오가는 고속도로에서 보이는 'KTX 탈걸'이라고 쓰인 옥외 광고판

대전에서 서울을 차로 오가다보면 마치 염장을 지르는 것 같은 'KTX 탈걸'이라고 씌어 있는 광고판이 있었다. 통계를 보면 역시나 몰라서 또는 싫어서 안 타는 것이 아니라 없어서 못 탄다는 사실을 알 수 있다.

이렇게 연휴 통계만 놓고 보아도, 이 책에서 두 저자가 끊임없이 부족하다고 외친 이동 수단, 편안하고 안전하며 친환경적인 철도의 입지가 우리나라에서는 그다지 나아지지 않았음을 알 수 있다. 전체적으로는 어떨까? 2014년부터 코로나 직전인 2019년에 이르기까지 철도의 여객, 화물 수송 분담률 추이를 보면 여객 수송 분담률이 4.1퍼센트에서 4.6퍼센트로 증가(수송량은 1,263만 명에서 1,570만

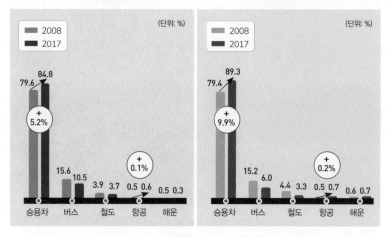

수송 분담률(설)

2008
2017

(단위: %)

84.8
79.6
+
5.2%

15.6
10.5

3.9 3.7

+
0.1%

0.5 0.6

0.5 0.3

승용차　버스　철도　항공　해운

수송 분담률(추석)

2008
2017

(단위: %)

89.3
79.4
+
9.9%

15.2
6.0

4.4 3.3

+
0.2%

0.5 0.7

0.6 0.7

승용차　버스　철도　항공　해운

명), 화물 수송 분담률은 2. 2퍼센트에서 1.4퍼센트(수송량은 37,379톤
에서 28,664톤)로 감소했다. 여객의 경우 지하철을 합쳐서 계산하면
사정이 좀 나아지는데, 2014년 12.4퍼센트에서 2019년 15.5퍼센
트까지 증가한다(코로나19가 찾아왔던 2020년, 이 수치는 다시 13.0퍼센
트까지 쪼그라든다). 총량(여객 수송량)으로는 철도의 공급이 느리게나
마 증가하고 있지만, 극단적으로 이동 수요가 증가하는 명절을 대
응하기에는 '새 발의 피'라는 것을 다시금 알 수 있다.

　나는 주로 건강보험의 영역에서 진료하는데, 환자 한 명당 진료 시
간은 다른 과에 비해 비교적 길 뿐만 아니라, 여러 가지로 얽혀 있는
처방을 검토해 약을 줄여내는 일을 많이 한다. 진료를 마칠 때면 오
늘 내가 몇 명의 환자에게서 도합 몇 개의 약을 정리했는지 세어보기
도 하는데, 이를 연간 약제비로 환산하면 꽤 큰돈이 된다. 때로는 여

러 곳의 병원, 대여섯 명의 의사를 만나던 어르신이 드시던 20개 이상의 약을 한 장의 처방전에 모아내기도 한다. 이 과정에서 한 번에 열 개 이상의 약이 정리된다. 약이 간소해지면서 어르신들의 전신 상태까지 개선되는 경우도 있다. 그러면 환자와 가족은 여기저기 여러 병원에 다니지 않아도 되고, 비용도 절감되며, 삶의 질도 나아지니 일석삼조의 효과를 얻는다.

하지만 검사는 적게 하고 생각은 많이 하는 일이라 진료를 하면 할수록 병원 입장에서는 오히려 손해 나는 구조다. 이런 일을 하는 노년내과 의사의 입장에서 철도를 바라보면 묘한 동병상련의 감정이 든다. 철도 이야기를 했던 '네 번째 편지'에서 살펴봤듯, 철도를 위시한 대중교통을 보급하고 유지하는 일은 사업주로서 돈을 버는 일과는 거리가 멀다.

소득 재분배적이고 탄소 감축에 도움이 되며 사람들의 신체와 정신 건강에 좋은 일이지만, 근본적으로 운영 주체 입장에서는 돈을 쓰는 일에 가깝다. 다시 말해, 철도를 운영하는 주체는 돈을 어떻게 더 잘 사용하느냐를 기준으로 평가받아야 하는 조직이다. 그러나 자본주의 사회에서는 이들을 평가할 때 엄한 잣대를 들이댄다. 마치 의료 복지를 위해 돈을 쓰기 위한 조직으로 존재하는 공공병원이 적자를 낸다고 비난받거나, '돈이 되지 않기 때문에' 다제약물관리나 연령친화 의료시스템과 같은 노인 의학적 진료 시스템을 설립하지 못하는 것과 비슷한 모습이다.

그런 면에서 수서 KTX 운행 등 철도 민영화 정책 중단의 기치로 이루어졌던 2023년 9월의 철도 파업의 의미는 다시금 살펴볼 만하다. 〈미디어오늘〉에서 철도 파업을 보도한 전체 193건의 기사를 분석했는데, 철도노조의 파업 이유를 기계적으로 나열한 보도는 114건(59.1퍼센트)이지만, 파업 쟁점을 심층적으로 설명한 보도는 10건(5.2퍼센트)에 불과했다. 게다가 '하루 이자 비용만 10억 원씩 발생하는 상황' 등으로 파업을 비난하는 논리는 사회간접자본으로서 철도가 존재하는 이유를 올곧이 바라보지 못하는 관점이다.

소아 중환자실과 응급실, 분만실을 닫고, 노인 의료는 도외시하는 것처럼, 그리고 무궁화 노선을 폐지하듯 돈을 벌지 못하고 쓰는 무언가의 설 자리를 남겨놓지 않는다면 이 세상이 제대로 굴러갈 수 있을까? 아마도 자동차 회사라면 돈이 들어가는 조직인 공장과 연구 부서를 모두 없애버리고 돈을 벌어들이는 캐피탈과 영업 조직만 남겨야 할 것이다. 이런 소위 '컨설턴트식 사고방식'으로 쇠락해버린 우량 회사로 제네럴 일렉트릭(GE)이 있다.

회사도 이런데 하물며 공공 서비스에서 재무적 가치만 바라보고 본질적 가치를 바라보지 않는다면, 그 사회에 필수 의료나 철도 같은 서비스가 제공되기를 기대하기 어렵다.


## 거대도시에서의 이동과 고통

이 연재가 이어지는 동안 나의 이동 방식도 바뀌었다. '자동차로부터의 테이퍼링tapering'이라는 표현을 쓸 수도 있겠다. 새벽 출근은 편도 택시를 활용하고, 퇴근은 지하철을 이용하는 경우가 더 많아졌다. 새벽에도 지하철을 타면 금상첨화겠으나, 도저히 여기서 잠을 45분이나 더 줄이기는 어려웠다. 자동차의 월간 평균 주행거리는 올 1월에 578킬로미터였지만(2022년 평균 월 주행거리는 600킬로미터), 7월엔 267킬로미터, 8월엔 269킬로미터로 줄었다.

도시 간의 이동 방식도 바뀌었다. 구형 아이오닉 일렉트릭의 행동반경을 넘어서는 장거리 이동은 철도와 버스를 다양하게 조합했다. 소요 시간은 더 길어지고 때로는 비용이 더 들지만, 이동 중에 일을 처리하거나 글을 읽고 쓸 기회가 늘었다.

차 시간이 어중간하게 남으면 할 수 있는 일들을 찾아보기도 했다. 스터디 카페에서 논문을 읽거나 가방에 러닝화를 챙겨가 처음 가보는 동네의 헬스장 일일권으로 운동을 하기도 했다. 차가 사라진 장거리 이동에서는 두 다리가 중요한 환승 교통수단이 되었다. 신체 움직임이 많아지면서 온몸이 찌뿌둥하고 부어오르는 것 같던 자동차 여행의 후유증도 완화되었다.

지금 다시 석가탄신일 연휴 직전으로 돌아갈 수 있다면, 나는 센트럴시티에서 광주로 향하는 저녁의 고속버스를 탈 것이다. 센트럴시티까지 지하철로 오는 동선이 복잡해서 포기했던 방법이다. 다시 생각하면, 총 소요시간은 한 시간 반쯤 더 걸리더라도 전체적인 피로도는 훨씬 낮았을 것이다.

그럼에도 불구하고 아직은 내 삶에서 차를 완전히 없애기는 어렵다. 때로는 왕복 이동시간이 자동차를 이용하지 않으면 두세 배가 되기도 하기 때문이다. 그런 면에서 자동차는 육식과 비슷하다. 과잉 소비는 건강에도, 지구에도 이롭지 않다. 하지만 이들을 곧바로 삶에서 완전히 제거하기에는 상당한 실질적 어려움이 있다. 개인의 건강이나 시간 배분과 지속가능성을 포함하는 사회적 편익을 더했을 때, 현시점에서 자동차나 고기를 줄여나가는 것의 편익은 대부분의 사람들에게 밥그릇을 뒤집어놓은 역-U(inverted U)형 곡선일 것이다. 결국 대부분의 사람이 현실적으로 우선 시도할 수 있는 것은 가능한 선에서 음식을 먹을 때 최대한 고기를 절제하는 '리듀스테리언Reducetarian'들의 접근처럼, 가능한 선에서 자동차 소비를 줄여나가는 것이다.

전현우가 제시하는 '깍지 모형'처럼 대중교통을 중심으로 거대도시를 구성하는 도시들이 연결되는 것, 대중교통의 물리적·사회적 접근성이 개선되는 것, 반환경적인 이동 방식에 대한 모종의 페널티를 부과하는 것은 이 곡선의 형태를 점진적으로 바꿀 수 있다.

그렇다면 거대도시를 사는 이들의 이동과 고통은 앞으로 어떻게 될까? 이런 논의를 하다보면 결국 서울에 모든 것이 집중되어 있는 현상이 문제라는 깔때기 같은 이야기가 여기저기서 튀어나온다. 하지만 10~20년 내에 물리적인 서울 집중 현상이 해소되기는 어렵다. 2022년 발표된 통계청의 장래인구추계 시도편에 따르면, 2020년부터 2040년까지 20년 동안 서울 인구는 962만 명에서 854만 명으로, 인천 인구는 변화 없이 295만 명에서 295만 명으로, 경기 인구는

1,345만 명에서 1,479만 명으로 변화할 것으로 예상된다. 세 곳을 합친 수도권 인구는 2,602만 명에서 2,628만 명으로 미세하게 증가한다. 참고로 같은 추계에서, 수도권 인구는 2035년 2,641만 명(총인구의 51.9퍼센트)으로 정점을 찍을 것으로 예상했다.

인구 구조의 변화로 거대도시 안에서 이동에 참여하지 않는 이들이 앞으로 늘어날 수밖에 없다. 고령화로 인해 거주지 근처를 넘어서는 이동이 보호자 없이는 상당히 어려운 인구의 증가를 추가로 고려해야 한다. 여기에는 노인장기요양보험 인정자 수의 예상 변화를 이용하면 된다. 2021년 기준 약 95만 명이 장기요양보험 등급을 보유하고 있는데, 나는 2041년에는 약 300만 명이 기준에 부합할 것으로 예측한다.

수도권에 장기요양보험 등급자의 약 40퍼센트가 거주한다고 할 때, 이동에 참여하기 어려운 수도권 거주 노령 인구는 20년에 걸쳐 약 40만 명에서 약 120만 명으로 증가할 것이다. 이를 고려하면 앞으로 수도권 내 이동 수요는 약 60만 명, 또는 2020년 대비 2~2.5퍼센트가량 감소할 것이다.

다만 통계청의 장래인구추계 시도편은 장래인구추계의 '중위가정'을 활용했는데, 실제로는 인구가 가장 부정적인 '저위가정'보다 더 빠르게 줄고 있으므로, 여기서 수도권 이동 수요 인구가 100~200만 명 더 감소할 여지도 있다.

좀 오래된 통계이지만, 한국은행 경기본부의 자료를 참고하면 2015년 경기지역에서 서울로 통근, 통학하는 인구는 127만 7,000명이었다. KT의 휴대전화 통신과 서울시 대중교통 이용 등 행정 데이터를 종합한 서울 생활 인구 빅데이터에서, 서울 외 지역에 살면서 출근이나 통학을 이유로 서울에서 생활하는 사람은 2018년 기준 최대 165만 명이었다.

2020년 통계청의 인구주택총조사 표본집계에서도 매일 경기도에서 서울로 출근이나 등교하는 인구는 125만 6,000명으로 추정됐다. 아주 거친 계산이지만, 이들 자료의 평균인 약 150만 명에 동수의 가족 인원을 더하면 300만 명이고, 이를 우리나라의 2021년 평균가구원 수인 2.3명으로 나누면 120만 가구이다. 이만큼의 가구가 서울의 직장 근처에서 거주할 수 있으면 통근 지옥은 상당 부분 해소될 테지만, 현실적으로는 2040년까지도 요원할 수 있다.

하지만 미래 거대도시에 사는 통근자 거주지의 동학dynamics에서 고려해야 할 것이 하나 더 있다. 내가 《지속가능한 나이듦》에서 기술했듯, 현재 60대인 베이비부머 세대가 2035년경부터는 80세의 선을 넘게 된다. 그때부터는 상당수가 노쇠, 질병, 기능 저하로 시설에 입소할 것이다. 배우자 사별 이후 독거 상태에서 장기적이고 돌이키기 어려운 시설 입소가 발생하면 살고 있던 집을 비워야 한다. 이는 부동산 공급 요인이 된다.

우리나라 노인의 시설 입소 요양 서비스 수요가 2005년 OECD 국가 평균인 65세 이상 인구 중 4.9퍼센트로 수렴한다고 하면, 2040년 노인 의료복지시설(요양원, 요양병원)에 거주하는 사람은 84만 4,000명 정도로 예상한다(65세 이상 인구 1,722만 명). 2019년 발표된 장래가구

추계에서는 2040년에 총가구 수가 정점에 달할 것으로 예상하지만, 여기서는 노쇠, 질병, 기능 저하에 따른 시설 입소에 의한 가파른 가구 감소를 고려하지 않았다.

지난 몇 년간의 가속 추세를 보면 실제로는 가구 수의 정점이 이보다 5년 이상 앞당겨질 가능성이 있다. 서울 집중화의 압력이 꾸준한 상태에서 인구 자연 감소와 노쇠 진행, 시설 입소 등에 따른 실질 부동산 공급은 점진적으로 장거리 통근 수요 인구를 흡수하기 시작하는 것이다.

여기에 더해, 여러 도시철도 노선 역시 지옥철이기는 하더라도 거대도시 내의 연결을 물리적으로 개선하고 있다. 그래서 지금 수도권 직장인들이 겪는 지옥의 이동은 적어도 15년 내에는 체감이 가능할 정도로 개선될 것이다.

참, 인간이 생존할 수 있을 정도의 기후를 2040년에 서울이 유지하고 있다는 가정이 필요한데, 2020년 국립기상과학원이 발간한 한반도 기후변화 전망보고서에 따르면 2041~2060년에 고탄소 시나리오(SSP5-8.5) 기준 동아시아 연평균 기온은 현재보다 섭씨 3.2도가량 상승할 것으로 예측되므로(매우 더운 날은 현재 1년에 36.5일 정도이지만, 2040~2060년에는 82.5일로 늘어난다), 일상이 상당히 버겁겠지만 그때까지 서울 시민은 계속 생존할 가능성이 높다.

## 대한민국 수도권, 가장 성숙한 거대도시

이렇게 미래를 예측해보면, 결국 달이 차면 기울고 과잉이 있으면 다시금 결핍을 향하듯, 모든 사람을 빨아들이던 수도권의 과밀화와 이동 지옥이 구성원들의 삶을 한계까지 도탄에 빠뜨린 만큼 출산율이 빠르게 감소하고, 인구 감소 역시 빠르게 일어나며 과밀의 문제가 소실을 향하게 된다.

우리나라의 통념과는 다르지만, 스웨덴 예테보리대학의 생태학자인 프랭크 굿마르크Frank Götmark 교수는 한 사회의 인구가 고령화되면서 합계출산율이 감소하는 현상을 두고, 사회가 고도화되고 동시에 환경적으로 지속 가능하게 바뀌어가는 발전의 모습으로 해석한다. 이 기준에 따르면 현재 대한민국의 수도권은 전 세계에서 가장 성숙한 거대도시로 발전해가는 과정일 수도 있다.

이런 거대한 인구구조의 변화에 따라 거대도시인의 삶이 굳이 먼 거리를 도로와 철도를 활용해 이동하지 않아도 되는 방식으로 조금씩 바뀌고, 대중교통의 경험도 점차 나아지면 자동차 리듀스테리언은 자동차 없는 삶에 가까워진 모습으로 살 수 있게 될지도 모르겠다. 그리고 이렇게 자연 인구 감소에 기대어 온실가스 배출이 줄어들기를 관망할 수도 있다. 하지만 우리의 온실가스 예산은 그리 풍족하지 않다.

지금부터 20년간, 거대도시 사람들의 모습은 급격하게 달라질 것이다. 그 숨가쁜 변화 속에서 거대도시민의 이동을 어떻게 구상하고, 어떻게 구현해내는지가 우리의 미래 건강과 행복, 그리고 넷제로Net-Zero의 달성까지도 좌우할 것이다. 이 과정에서 더해야 할 것들과 빼야 할 것들은 이제 더없이 명백하다. 개인과 사회 모두가 바뀌는 일만 남았다.

# 우리의 이동은

# 왜 지옥 같을까?

진행: 채널예스 김윤주

"거대도시에서 우리의 이동은
왜 이렇게 지옥 같을까?"

철학·교통 연구자 전현우와 노년내과 의사 정희원이 공통으로 떠올린 질문이다. 우리는 하루에도 몇 번씩 이동하며 살아간다. 출근길 지옥철 안에서 긴 이동시간을 견디고, 자동차와 대중교통 사이에서 최적의 교통수단을 고민하고, 퇴근길 저녁이 있는 삶을 꿈꾸며 서둘러 집으로 향한다.

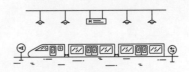

## 이동이라는 시급한 문제

**Q** 인문학 연구자, 노년내과 의사가 '이동'의 문제에 깊이 빠진 이유가 궁금합니다.

**정희원** 노화를 연구하는 의학자로서, 삶의 요소가 모두 연결되어 있다고 생각해요. 의사로서 먹는 것, 잠자는 것, 운동하는 것에 관심을 가지는 건 당연하죠. 그런데 그 정도로 중요한 것이 이동이에요. 하루 중 일하는 시간과 수면 시간을 빼면, 이동시간이 큰 비중을 차지하잖아요. 이동을 어떻게 하느냐가 삶의 질을 결정하죠.

그런데 대부분 한국인은 긴 이동시간을 지옥철 안에서 견디면서 살거나, 아니면 조금이라도 교통이 편한 곳에서 살기 위해서 엄청나게 비싼 집값을 감당해야 해요. 이런 현실이 굉장히 부조리하게 느껴져요. 실제로 저도 한때 왕복 4시간 장거리 출퇴근하면서 삶이 너무 황폐해지는 것을 느꼈거든요. 데이터상으로도 긴 이동시간이 신체 및 정신건강에 큰 영향을 미쳐서, 스트레스, 나쁜 식습관으로 이어지는 악순환을 만들어내는 것을 알 수 있고요.

또 하나는 개인적인 관심사인데요. 지구의 미래를 결정짓는 것 중 하나가 교통이기 때문이에요. 인간이 먹는 방식, 움직이는 방식, 사는 방식이 맞물려 지구의 멸망을 앞당기는데, 그중에서 톤 단위의 탄소 배출량을 줄일 수 있는 건 아무래도 교통이죠.

교통을 어떻게 지속가능하게 이용하는지에 대해 수많은 넛지nudge가 존재하잖아요. 가령 사람들은 철도 교통이 불편하면 자동차를 택할 것이고, 항공여행의 가격이 올라가면 베블런재 효과로 비행기 여행을 동경하는 사람들이 늘어날 겁니다. 그러다가 저비용 항공사가 대세가 되며 항공기 티켓 값이 내려가면 여행 수요가 급증하는 것이겠지요. 이런 기울어진 운동장을 바꿔놓지 않으면 교통은 지속가능하기 어려울 거라고 생각해요.

**전현우**　역시 긴 이동을 경험해야 교통에 관심을 갖게 되잖아요?(웃음) 하루 3~4시간을 들여 인천과 서울을 오가면서 교통을 탐구하기 시작했습니다. 아무래도 이동 시간이 하루 중 최소 2시간을 넘어가면 '이 부조리함은 무엇인가' 생각하게 되니까요.

2005년 대학 1학년 때쯤, 교통 데이터가 인터넷으로 공개되기 시작했어요. 한 동네에서 다른 동네로 가는 사람들의 숫자가 이미 데이터베이스로 정리되어 있고, 그것을 기반으로 연구를 하고 타당성 조사를 한다는 걸 알았습니다.

칼럼에서도 썼듯이, 이미지와 통계를 통해 높은 하늘로 날아오른 새들의 시점에서 교통을 보게 됐죠.

교통을 논의하는 방식은 크게 1) 제도화된 접근 2) 그 바깥의 접근, 두 가지로 나눌 수 있을 거예요.

제도 내부에서는, 이미 정부 등이 구축한 데이터를 가지고 관료화된 절차를 거쳐 기계적인 이동시간을 어떻게 하면 조금이라도 줄일 수 있을지 접근하죠. 한편, 그 바깥에서의 접근은 줄어든 이동시간이 어떤 의미를 갖고 있는지 질문해요. 두 가지 관점이 서로 보완적이어야 할 텐데, 현실에서는 제도화된 접근과 그 바깥의 접근이 서로 따로 노는 측면이 있어요. 실제 제도를 운영해서 문제를 해결해야 하는 상황도 점점 늘어납니다만, 그렇게 나온 결과가 '진정한 해결책인지' 의문을 제기하는 관점은 언제나 있어야 한다고 생각해요. 말하자면 이런 식의 관점을 인문학이라고 할 수도 있을지 모르겠습니다.

아직도 '철학과를 나왔는데 왜 철도 책을 썼냐'는 질문을 받곤 해요. 그런데 철학이야말로 '우리의 존재 방식이 어떤 형태로 이루어졌고, 어떤 가치가 있고, 과연 지속가능한가'라는 질문을 던지는 일이거든요. 그 질문이 매일 반복되는 현장이 교통이에요. 그런 문제를 내버려두고 어떻게 제대로 인문학을 할 수 있는가, 하는 생각을 하죠.

**정희원**    정말 맞는 말이라 생각해요. 교통이 우리 삶에서 너무나 큰 비중을 차지하는데, 그럼에도 전문가들이 관심을 잘 갖지 않죠.

**전현우**    본인들도 다 출근하면서.(웃음)

**정희원**　매일같이 교통지옥을 경험하다 보면, 의사결정권을 가진 사람들이 도대체 뭘 하고 있나, 하는 생각이 들어요. 예비타당성 조사를 봐도 현실과 동떨어진 진단과 가설을 내놓을 때가 많잖아요.

교통에 관한 아주 인상적인 장면이 있어요. 부천에서 분당까지 출퇴근하던 시절, 아무리 새벽 일찍 나가도 중동IC에 차들이 꽉 막혀 있더라고요. 자동차의 열린 창문에서 운전자들이 피우는 담배 연기가 막 올라와요. 도로 옆에는 신도시가 대규모로 들어서고 있었고요.

교통 문제가 해결된다면, 얼마나 많은 사람들의 스트레스 호르몬 수치가 낮아질 것이며, 예방할 수 있는 질환은 얼마나 많겠어요. 의료 현장과 교통 상황을 보면 마치 설국열차에서 앞쪽 칸에서는 와인을 마시고 있는데, 맨 뒤칸의 사람들은 지옥을 경험하는 것과 비슷해요. 의사결정권을 지닌 사람들이 교통지옥을 매일 경험하지 않아서 마음으로 느끼지 못하는 걸까요?

**전현우**　프랑스 혁명의 세 계급처럼 교통도 계급화된 것 같아요. 제1계급이 교통체증을 경험하지 않는 사람들이라면, 제2계급은 서울로 출퇴근해야 하는 중산층, 가장 아래 제3계급은 경기나 인천에서 도시 내부를 이동하거나 이들 지역의 도시 사이를 이동하는 사람들이겠죠. 아마 지방 도시 사이를 이동하는 사람들은 여기에도 속하지 못하는 사람들이고…… 개발도상국으로 시야를 넓히면 문자 그대로 교통 지옥이 지금도 벌어지고 있겠군요.

아무튼 다시 돌아와서, 실제로 1기 신도시만 놓고 봤을 때, 서울로 출퇴근하는 사람의 비중은 높아도 20퍼센트대예요. 꽤 많은 사람들이 지역 안에서 움직이거나, 옆 동네의 도시로 이동하죠. 이런 이동들이 하나하나 다 가시화되어야 해요.

그런데 이렇게 데이터와 이미지로 보여주면, 이런 이야기는 너무 진부하고 추상적인 것 아니냐는 비판으로 돌아올 때가 있어요. 실제 출근하는 OO씨를 개별 인터뷰해서 이동하는 하루를 보여줘야 하는 것 아니냐고 하면서요.

**정희원**   한 사람의 사례를 묘사해서 전체를 설명하려는 시도가 많잖아요. 하지만 실제 정규 분포를 보면 전체를 대변하지 못하는 경우도 있죠. 전현우 작가님의 칼럼은 그렇지 않아서 좋았어요.

**전현우**   데이터로 추정하는 방식과 개인의 사례를 묘사하는 방식, 두 가지 방법이 보완적으로 사용되어야 한다고 생각해요. 서울 하나만 이야기하면 이 도시의 특징이 무엇인지 사실 파악할 수 없겠지요. 말하는 사람이 혼자 꽂혀서 떠드는 방언과 다를 게 없을지도요. 다른 많은 세계의 거대도시들과 서울을 함께 놓고 비교해야 비로소 서울의 특징도 드러날 텐데요, 도시의 모든 특징을 한꺼번에 비교할 수는 없으니까 압축하는 방편으로 양적 데이터를 활용하는 거죠. 그럼에도 구체적인 OO씨가 등장하면 확실히 와닿기는 하겠죠.(웃음)

## 첨단 기술은 멋진 미래를 약속할까

**Q**   각종 뉴스에서 모빌리티는 첨단 기술이 탑재된 이동수단 산업을 빛내는 데 사용됩니다. 하지만 전현우 작가님은 이것이야말로 '모빌리티'가

원래 갖고 있던 반성적 정신을 배반하는 것 같다고 하셨는데요, '모빌리티'에 대한 두 분의 생각이 궁금합니다.

**전현우**   최근 〈2040 서울도시기본계획〉에서 모빌리티라는 단어를 봤어요. 20년 후 서울을 내다보고 미래상과 발전 방향을 제시하는 계획서인데요. 미래교통수단으로 자율주행과 UAM(Urban Air Mobility, 도심 항공 모빌리티)을 넣어놨더라고요. 2040년이 되면 자율주행이 상용화되고 UAM이 지상교통수단의 대안으로 서울 주요 간선에 돌아다닌다는 그림을 그리고 있죠. 여기에 하필 '모빌리티'라는 말이 들어가죠.

물론 그렇게 계획을 제시해야 큰돈을 쥔 투자자들이 서울을 멋진 도시라고 생각하고 투자할 거라는 건 이해가 가요. 하지만 현재 지면 위를 오가는 수천만 통행을 어떻게 해결할지에 대한 논의는 뒷전으로 밀려 있죠. 자율주행에 대한 환상을 몇 년간 잘 팔았으니까, 이젠 UAM이 해결책이라는 걸까요? UAM 포트를 서울 주요 거점마다 지으면, 기존에 이미 편하게 이동하던 돈 있는 사람들만 잘 이용할 거예요.

긍정적으로 평가한다면, 15분 도시 개념을 가공해서 '거주지를 중심으로 도보권 내에 업무, 여가, 주거, 상업 등 다양한 기능을 제공함으로써 자족성을 갖춘 일종의 작은 서울들을 구축한다'는 계획도 들어가 있어요. 그러나 스포트라이트는 역시 자율주행, UAM 같은 화려한 것에 가 있는 거죠. 확장된 보행 공간이 가장 중요한 모빌리티라고 말하려면, 그 보행 공간을 어떻게 잘 가꿔나갈지가 가장 중요한데 말이에요. 그야말로 시장에 맡겨도 될 것 같은, 아니 에너지를 펑펑 쓰게 만들어 기후 대응을 오히려 힘들게 만들 기술에 정작 정부가 힘을 쏟고 있어서 아쉬움이 남죠.

**정희원**  의학에서 모빌리티는 기본적으로는 신체, 인지 등 사람의 기능에 의한 이동 능력, 즉 이동성을 의미해요. 이 모빌리티의 반경이 한 사람의 전반적인 내재역량을 반영해요. 태어나서 모빌리티가 점차 증가하다가 다시 감소하는 과정이 노화의 궤적과 같죠.

한 사람의 생물학적 모빌리티가 떨어지면, 신체가 노쇠되어 간병인이 필요해지고 요양병원에 가게 되죠. 결국 한 사람이 얼마나 노화되는가, 전체적인 사회의 돌봄 요구는 얼마나 필요한가를 결정하는 요인이 모빌리티인 거예요.

그런데 이동성을 결정하는 함수에는 환경적 요인도 들어가요. 똑같은 노쇠 정도를 가진 사람이라도 간병인이 있거나 대중교통 접근성이 용이하면, 실질적으로 드러나는 이동 기능은 더 좋을 수 있거든요. 가령, 미국에서는 신체 노쇠가 있는 분이 운전면허증을 반납하면 집 밖으로 나갈 수 없는 지체장애가 있는 사람이 돼요. 400미터를 걷지 못하면 통상 이동성 장애가 있는 것으로 간주하거든요. 그 정도로 사람의 생물학적 이동성에 더해, 사회의 자원과 시스템이 우리의 이동성을 좌우하는 거예요.

**Q**  **그렇다면 한국의 대중교통을 어떻게 평가하시나요?**

**정희원**  서울은 연령 친화적이지 않은 도시예요. 다양한 연령층의 이동성을 고려해서 지어진 도시가 아니죠. 심지어 고령층의 이용이 많은 병원조차 30~40대의 평균 신장과 근력을 가진 남성을 가정하고 만들어져 있어서, 그외의 사람들은 접근이 어렵거든요. 유소년층이나 노인을 고려하지 않은 거예요.

이런 도시에서는 신체 노쇠가 생기면 연령친화적 도시에 비해 노화가 급격히 가속화돼요. 노쇠, 우울, 인지저하의 사이클에 빠지고 사회적으로 쉽게 고립되죠. 아직까지 한국은 선진국 수준의 교통 접근성을 가지고 있지 못하다고 할 수 있어요.

앞으로 20~30년 최우선적인 과제가 거대도시의 모빌리티입니다. 우리 모두가 노년기에 이를 것이고, 현재 베이비부머 세대는 운전면허를 반납하고 스스로 계단을 내려가기 어려운 상황이 되겠죠. 그렇다고 모두가 간병인을 쓸 수 있는 건 아니잖아요. 결국 어떤 연령이건, 장애가 있건 없건 접근성에 대한 배려가 필요한데 거기에 대한 문제의식이 없어요.

**전현우** 자연히 많은 분들이 자동차의 힘을 기대하게 될 텐데 그럼 기후 위기라는 엄청난 문제가 발생하죠. 철도 중심으로 간다고 하더라도, 현실적으로 거대도시 외곽에 대중교통을 공급하기 어려운 지역이 나올 수밖에 없거든요. 마을이 철도 라인에만 몰려 있을 수 없어서, 역까지 접근하려면 추가 교통수단이 필요하고요. 그런데 여러 대중교통을 환승하는 것 자체에 불편함을 느낄 사람들이 생길 거예요. 그건 거대도시 중심부에서도 마찬가지고요.

**정희원** 저희 병원의 풍경이 떠오르네요. 병원이 지하철역에서 굉장히 떨어져 있어서, 대부분 환자분들이 자동차를 타고 오시거든요. 그래서 늘 병원 앞이 아비규환이에요. 매일 그 풍경을 보다 보면 20년 뒤 한국 사람들의 모빌리티가 너무 걱정되죠. 지금 저희 병원에 오시는 80대 어르신들은 자식이 여러 명이지만, 저희 부모님 세대는 자식이 한두 명이거나 없는 분들도 있죠. 20~30년 뒤에는 이동성이 떨어지기 쉬운 85세 이상 인구가 3~4배가 될 텐데, 사회적인 이동 서비스의 접근성이 떨어지면 수많은 사람들이 집에만 있어야 하거든요. 전국 단위면 대략 300~400만 명이 장기요양에 놓일 수 있어요.

이 문제를 생각할 때마다 도무지 답이 떠오르지 않아요. 그래서 전국민이 이동성의 저하를 예방하기 위한 노력을 매일 해야 한다고 말하는 거예요. 가속노화를 늦추는 습관을 실천해서 미래에 잘 걸어 다닐 수 있는 상태를 최대한 유지하고, 모두가 사회적 돌봄 요구가 생길 수 있는 사람을 줄이는 데 일조해야 한다, 그것 말고는 답이 없다는 생각을 계속하고 있어요.

**전현우**  대중교통만으로 해결할 수 없는 문제죠. 대중교통을 이용하려면 역까지 이동하는 최소한의 이동성도 필요하니까요. 한편으로는 이런 생각도 들어요. 건강을 챙기려고 열심히 노력해도 잘 안 되는 운 나쁜 분들도 있을 것이고. 어떻게 보면 개개인에 집중하는 해결책처럼 들릴 수도 있을 것 같아서요.

**정희원**  아, 그렇죠. 건강 관리를 알아서 잘하라고 꼰대스럽게 이야기하는 것처럼 들릴 수도 있는데. (웃음) 현실이 그래요. 우리가 최선을 다해서 노화가 될 확률을 줄여놓지 않으면 사회가 지속불가능하게 변하니까요. 한국 사회의 변화 속도는 너무 빨라요. 일본만 해도 우리나라의 템포보다는 훨씬 느리게 고령화 사회가 이루어지면서 안정적인 시스템을 구축해왔는데, 한국은 30년 내에 그 과제를 한꺼번에 해야 하는 거예요. 앞으로 현세대와 부모 세대 모두 사회에 존재하는 사회자원을 가지고 경합해야 하는데, 그걸 지탱할 세대가 없어요.

## 이동의 위기, 우리에게 필요한 상상은

**Q**   개인들이 스스로를 교통의 '소비자'로 상상할 것인지, 혼잡도로와 기후 위기의 책임을 나눠 갖는 시민으로 상상할 것인지도 중요한 문제일 것 같아요. 현실에서는 스스로를 '소비자'로 생각하기 때문에 혼잡통행료에 대한 반발도 있었던 것 같고요.

**전현우**   개개인이 스스로를 교통 '소비자'로 생각하는 것을 넘어서, 현재의 교통 환경을 만들고 책임을 지는 '생산자'로 상상해야 한다는 생각이 들어요. '사회는 우리가 생각하는 것만큼 튼튼하지 않다. 각자 할 수 있는 만큼 힘을 보태지 않으면 사라져버리는 것이 사회다'라고 강하게 이야기할 수도 있겠죠.

**정희원**   맞아요. 사회구성원으로서 자신의 몫을 하는 것. 슬기롭게 교통을 활용하는 것.

**전현우**   SNS에서 이런 논쟁도 있었어요. 서울의 온실가스 배출량을 줄이기 위해 과세를 점검해야 할 텐데, 크게 과세 대상은 개인 혹은 기업이잖아요. 그중 대규모 교통 개발 시설을 운영하는 기업에 세금을 크게 부과하면 간접적으로 온실가스 배출량이 줄어들 것이라고 주장하는 분들이 있었어요. 그런데 한편으로 개인 운전자들의 책임을 아예 이야기하지 않을 수 있나 싶어요. 실제로 온실가스가 나오는 건 각 차량의 엔진이고, 그걸 통제하는 건 개인들의 판단이니까요.

**정희원**  물론 병원에 방문하는 환자분들을 보면, 여러 가지 이유로 이분들이 자동차를 선택할 수밖에 없는 사정들이 있어요. 하지만 자동차 중심으로 기울어진 운동장에서 개인의 책임을 생각할 필요가 있다는 것에 동의해요. 자동차 운전자들이 '내돈내산'이라고 하지만, 실제로는 도로의 면적을 잠식해서 교통체증을 야기하고 환경을 파괴하는 등 여러 사회적 비용을 초래하고 있죠. 현재로서는 개인들이 만들어내는 사회적 효과에 비해서 그 비용을 낮게 부담하고 있는 거고요.

**전현우**  교통혼잡비용(차가 막혀서 발생한 다양한 형태의 손실을 화폐가치로 환산한 금액)이라는 수치가 있잖아요. 1994년 당시 교통혼잡비용은 10조 원이었는데, 매년 증가해서 최근에는 67조 원 이상이에요. 그런데 이 금액을 실제로 운전자들이 지불하는가? 아닙니다. 시간 손실, 추가 차량 운영비 같은 걸 그냥 앉아서 때우는 거죠. 건강 손실이나 스트레스 등은 계산되지도 않았고요. 이걸 운전자들에게 돈의 형태로 눈에 띄게 만들어야 상황을 인지하기 쉬워지고, 그 돈을 모아서 대안을 만들어낼 수 있습니다.

자동차도 SUV처럼 비싸고 큰 차일수록 세금을 더 매기고 연료를 아껴서 경제적인 운전을 할 수 있도록 유도해야 해요. 상대적으로 대중교통은 저렴하게 유지할 수 있도록 하고요. 하지만 현실에서는 명절 통행료를 깎아준다고 하면 좋아하고, 기록적인 무역 적자 속에서도 유류세를 감면해 기름을 쓰는 걸 보장하고 있지요. 어떻게 해야 할지 모르겠습니다.

**정희원** 싱가포르가 문득 떠오르는군요. 차량 구입과 유지에 징벌적인 세금을 부여해서, 돌아다니는 차의 상당수는 아이오닉이나 프리우스 하이브리드 택시더군요. 싱가포르에서는 이런 정책으로 시민의 건강도 개선하는 효과가 있다고 이야기하지요.

교통 문제는 의료 현실과 비슷한 느낌이 들어요. 큰 효과가 없는 영양제는 1년에 몇천억씩 시장이 생기는데, 신체 기능과 인지 기능에 도움이 되는 프로그램은 많은 예산이 든다는 이유로 추진이 어렵거든요. 마찬가지로, 사람들은 더 비싼 차를 사는 데는 1년에 수조 원씩 지출을 해도, 대중교통을 개선하기 위한 목적으로 약간의 세금을 부담하는 건 저항이 크죠. 중앙 정부의 강력한 드라이브가 싱가포르의 교통 정책을 가능케 하는 것을 보면, 사람의 심리에 그대로 좌우되는 시장 논리에 모든 것을 맡기는 것만으로는 한계가 있겠다는 생각이 듭니다.

**전현우** 첫 책을 쓸 때, '세금이 어떻게 걷히고, 어디에 사용되는지 등'을 시나리오로 만들었던 적이 있습니다. 자동차 주행거리가 온실가스 배출량, 에너지 소비량과 직접적으로 연결이 되어 있으니, 자동차 주행거리를 절반 정도로 줄이는 게 타당하지 않냐는 게 제 결론이었어요. 저만 생각한 게 아니고, 교통 연구원에서도 비슷한 연구 결과를 냈어요. 주행거리를 절반으로 줄이면서 세금을 조달하려면 어떻게 시나리오를 짜야 하는지가 문제로군요.

서울의 경우 대중교통이 비교적 잘 갖춰져 있으니 주행 세금을 최대한 높여야겠지요. 반면, 도농복합시, 아니면 군 단위라면 승용차가 제일 효율적인 교통수단이 될 수도 있어요. 장날에만 버스가 붐비고 나머지는 한 명도 타지 않는 경우를 많이 봅니다. 이런 지역은 주행거리를 최소한도로 깎는 편이 좋지요. 인구밀도가 높을수록, 대중교통이 양호할수록 주행거리를 더 크게 줄일 수 있도록 높은 주행 관련 세금을 물리는 것이 기본이 되어야 한다고 봅니다. 이건 사실 혼잡 비용의 논리와도 일치해 논리적 문제는 크지 않지요.

**정희원**　얼마 전에 파리에서 SUV 차량의 도심 주차요금을 3배 인상하겠다고 발표했잖아요. 예상과 달리 프랑스 사람들은 긍정적으로 생각을 하더라고요. 그런데 우리나라에서 그렇게 하겠다고 하면 난리가 나겠죠. 산유국도 아니고 면적이 큰 나라도 아니고 도로도 좁은 나라에서 초대형 SUV의 판매량이 매년 늘고 있다는 게 아이러니합니다.

**Q**　도시 내부를 넘어 수도권, 지방도시를 고민하는 문제도 있었습니다. 글에서 전현우 작가님은 수도권을 기준으로 출퇴근하는 사람이 절대다수는 아니라는 점을 지적하셨죠. 이들뿐만 아니라 근교 도시 이동, 지역 내 이동하는 사람들이 자동차 지배에서 벗어나려면 어떤 장소가 필요할까요?

**전현우**　저는 기후 위기 시대에 자동차 지배를 완화하려면 도시가 '깍지 모형'을 채택해야 한다고 말해왔는데요. 핵심은 도시의 모양 자체가 대중교통을 활용하기 좋은 방식으로 변화해야 한다는 거예요. 도심부와 도심에서 뻗어나온 대중교통 축 주변에 시가지가 발달하도록 하고, 주변에는 토지 이용 규제를 걸어 개발을 억제하는 거죠. 그러면 도시를 중심으로 하는 도시의 손이 한쪽에, 그리고 그사이에 손가락을 뻗고 도시권 밖 녹지에 뿌리를 둔 녹지의 손이 맞잡은 것처럼 '깍지 모형'을 이루게 됩니다.

그런데 이 모형을 채택해도 여전히 질문이 남아요. 도시 사이에 녹지가 생기니까, 도시 간 거리가 벌어지고 못 쓰는 땅이 생겨요. 그러다 보면 도시 사이를 우회해야 하니까 교통량이 증가하거나, 일부 낡은 도로는 폐쇄하는 경우도 있죠. 그럼 주변 소도시를 기반으로 살아가는 사람들이 손해를 볼 수밖에 없는 상황이 생겨요. 중심도시의 역할이 커져서 중심부에 사는 사람들에게 자산이 집중되는 문제가 생기는 거죠.

쉽지 않은 문제이지만 탄소 배출량을 줄이는 과정에서 감수해야 하는 비용이 아닐까 싶어요. 결국 그 비용을 어느 정도 통제하려면 '토지 공개념'을 도입해야 합니다. 철도를 확충하면 도로 위주로 외곽에 살던 사람들이 다시 철도를 찾아 중심부로 모여드니까, 녹지를 지키기 위해서라도 외곽은 토지 공개념이 필요한 거죠. 중심부는 지가 상승을 억제하는 한편 그 이익을 환수하여 손해를 본 사람들에게 배분해야 하니 또 토지 공개념이 필요할 테고. 결국 다 필요하네요.(웃음)

Q   정희원 작가님의 '신도시 정상가족 형성 가설'도 흥미로웠습니다. 현재 사람들의 출퇴근 이동이 '왜 이렇게 지옥 같을 수밖에 없는지' 포괄적으로 진단하셨는데요.

**정희원**  신도시 정상가족 가설은 "사람들이 과밀화된 서울에서 벗어나 신도시를 향하면 신도시(베드타운)의 국평 아파트에서 아이 둘을 낳고 행복하게 살 것이다"입니다. 4인 가족 중 한 명이 돈을 벌고, 나머지 한 명은 양육과 가사를 전담하며 두 아이를 키운다는 생각이 담겨 있죠.

하지만 1990년대에 머물러 있는 정상가족의 모형은 현재의 사회 변화를 전혀 반영하지 못하고 있어요. 사회의 구조는 점차 둘이 벌어서 둘만 살기에도 급급한 시대가 되고 있는데, 집값은 계속 오르죠. 맞벌이 부부는 자산의 상승을 견디지 못하고 직장에서 더 먼 곳으로 이주하지만, 그 결과 긴 시간을 통근에 사용하는 맞벌이 부부는 출산을 선택하지 않는 거예요. 이동시간, 식사 시간을 포함하여 하루의 대부분을 일하는 시간에 쏟는데, 그 시간 동안 아이를 완전하게 돌볼 수 있는 육아 시스템은 존재하지 않잖아요.

'신도시 정상가족 형성 가설'은 토지 공개념의 상실과도 관련이 있어요. 시장에서 건설업자들이 자유롭게 새 택지를 개발해서 집을 팔아먹는 것을 친자본적으로 추진한 결과, 중산층은 긴 이동시간을 감당한 채로 워킹 푸어가 되고, 그 결과 출산율이 감소되어 인구가 빠르게 줄어들겠죠. 앞으로 아무도 살지 않아 텅 비어 있는 아파트가 늘어날 거예요. 그게 20년밖에 안 남았다고 생각합니다. 저는 직업상 고령화 진행 속도나 인구의 증감과 이동, 장기요양과 관련된 통계를 정기적으로 확인하기 때문에, 사람들의 노쇠 정도와 돌봄 요구의 변화가 보여요. 그런데 그 시간이 점점 앞당겨지고 있어요.


**Q**  두 분 모두 '걷기'의 유용함을 강조하셨어요. 그렇지만 현실적으로 개인들은 걷기를 방해하는 여러 문제에 가로막힌 것 같아요. 바쁜 출근길

에서 선뜻 걷기에 시간을 내기가 어렵고 걷기 어려운 지역도 있을 거고요. 결국 많은 사회적 뒷받침이 필요할 것 같은데요.

**전현우**  일단 걷기에 중요한 요인은 시간과 위협인 것 같아요. 시간에 쫓기거나 위협을 느끼는 경우에는 사람들이 걷기를 꺼리겠죠.

**정희원**  서울에서 이동하면서, 걷고 지하철을 이용하는 것이 자동차보다 빠를 때가 많아요. 대중교통을 주로 이용하면 하루 8000~1만 보 걷기는 무척 쉽게 느껴집니다. 하지만 전현우 작가님이 말씀하신 안전 문제에는 동의해요. 병원에서 정말 바쁠 땐 이 건물에서 저 건물로 차도를 지나서 뛰어가는데요. 사실 며칠 전에 '이러다 죽을 수 있겠다'는 생각이 문득 들었어요. 택시 운전자 중에도 고령인 분들이 많으니까 갑자기 뛰어들면 잘 못 볼 수도 있고요. 지금 수도권이 보행자 중심으로, 걷는 이들이 안녕감을 느낄 수 있도록 설계되었다고는 생각하지 않아요.

걷기라는 것은 작은 공간에서 일어나는 현상이기도 합니다. 특정 공간, 특정 마을에서요. 그렇기에 동네 전문가가 필요하다고 봅니다. 도로나 철도 같은 경우는 이동을 추상화시켜서 공간을 큰 단위로 볼 수 있지만, 걷기는 동네 단위로 볼 수 있는 거죠. 동네에 살고 있는 전문가들이 적극적으로 의견을 내고, 환경을 조성해나가야 한다고 봅니다.

**전현우**  이 경우에도 개인과 사회가 같이 참여해서 보행 공간을 만들어나간다고 말할 수 있을 것 같아요. 하루 24시간은 늘 주어진 조건이지만, 도로 환경은 계속 변하니까요. 개인 중에서도 횡단보도에서 한 번 서는 사람이 있는 반면, 안전 수칙을 지키지 않는 분들도 있고요. 일상 속에서 사람들을 많이 걷게 하려면 대중교통에 대한 접근성도 개선되어야 해요. 이러려면 비용 문제가 발생하게 되니 또 머리가 복잡해지죠.

철도만으로는 한계가 있으니까, 결국 지선은 버스가 들어가야 할 겁니다. 한국의 도로 면적이 제주도의 2배 정도 되는데 그 넓은 도로 위에 버스를 늘리는 것이 맞지 않냐는 생각이죠. 3차선 이상 되는 도로면 버스 전용차로를 하나씩 넣으면 좋겠죠. 버스 차로가 생기면 자연스레 승용차 공간을 줄일 수 있기 때문에 교통량 억제 효과도 어느 정도 있을 거고요.

**정희원** 시행이 쉽지 않을 것 같은데요. 사람들이 철도를 선호하는 이유가 통근 거리가 길어서 아닐까요?

**전현우** 물론 도시가 확장하면서 긴 시간 동안 멀리 가는 사람들도 계속 늘어납니다. 서울에서 세종시 통근도 사실 불가능한 건 아니죠. 다만 이건 그만큼 분포의 범위가 넓어진다는 뜻입니다. 여전히 단거리 통행은 많습니다. 이동 시간, 비용이 여러 이유에서 부담스러운 분들도 여전히 있을 수밖에 없지요.

숫자로 말씀드리면, 수도권에서 하루 동안 이뤄지는 통행이 6천만 회 정도인데, 이중 철도를 이용하는 건 대략 1천만 회고…… 버스 이용객은 대략 1천5백만 회 정도 됩니다. 양으로는 버스가 여전히 다수죠. 단 한 명당 통행거리는 시내버스가 도시철도보다 평균 절반입니다. 6킬로미터 대 12킬로미터. 서울 경계를 넘는 철도 통행은 20킬로미터 이상이고요. 역할 차이가 있다는 뜻입니다.

편도 20~30킬로미터라면 서울을 거의 뚫고 지나가는 거리죠. 이 거리, 또는 그보다 긴 거리를 거쳐 이뤄지는 장거리 통근과 고속도로의 승용차를 줄이는 방향이 결국 철도에 있다는 건 이미 말씀드렸는데요. 덧붙여 버스를 이야기하는 이유는 단거리 통행의 규모나 성격 때문입니다. 경기나 인천에서 서울로 장거리 통행을 하는 건 도심에서 일하는 비교적 고수익 직군들일 거예요. 그런데 주거지 인근에서 생활 서비스를 제공하는 분들은 단거리 통행이 많거든요. 그런 분들은 버스를 이용하는 경우가 많고요. 그분들을 위한 것인 동시에, 도로의 자동차 교통량도 조절할 수 있기 때문에 버스를 활용할 가치가 있어요.

**Q** 마지막으로, 이동의 위기가 아직까지 먼일로만 느껴지는 분들에게 한 말씀 부탁드립니다.

**정희원** 개인의 모습을 모아놓은 것이 사회의 모습이 된다고 말씀드렸습니다. 평범한 직장인이 하루 24시간을 살면서, 8시간을 잠과 기본 위생에 쓰고, 점심시간 한 시간 포함 9시간을 직장에서 보내요. 그러면 7시간이 남아요. 이 7시간 중 절반쯤을 이동에 쓴다고 봐야겠죠. 이동에서 소진되는 정신적 에너지와 그 결과 쌓여가는 스트레스호르몬은 사람의 노화 속도와 질병 발생에 영향을 줍니다. 이동의 스트레스는 수면의 질, 건강하지 않은 식사. 음주, 흡연 등 다른 생활 습관 요인들로도 이어집니다. 게다가 만성 스트레스는 해마 위축과 편도체의 과활성을 불러와요. 한마디로 화병이 오는 거죠. 모두가 이동의 지옥에서 고통받다 보면 사회 구성원들의 화가 많아집니다.

한 사회를 더욱 건강하고 행복하게 만들기 위해서 콜라나 술을 강제로 금지시키는 일은 어려워요. 하지만 이동에서의 스트레스를 감소시키기 위한 노력은 정책적 의사결정과 현명한 자원 분배를 통해 사람들의 삶에 유의미한 효과를 줄 수 있습니다. 이렇게 불필요한 스트레스가 줄면 삶에 선순환이 생기겠죠. 이동이 나아진 덕에 저녁이 생겨나면 운동을 할 수도, 가정을 살필 수도 있겠지요. 이런 측면에서, 거대도시의 이동은 단순한 위기를 넘어 굳이 받지 않아도 될 불필요한 고통을 모두가 나누어 받고 있는 일종의 단체 기합(?) 같은 상황이라고 생각됩니다.

조금 더 스케일을 넓혀 보면, 개인이 배출하는 온실가스의 가장 큰 비중을 차지하는 것이 움직이는 것, 즉 이동 그리고 먹는 것입니다. 지금과 같은 이동에서는 모두가 행복하게 온실가스를 배출하는 상황도 아니죠. 여러 부조리가 얽혀 있다 보니 도로의 운송 분담률은 줄어들 기미가 보이지를 않고, 이동 속도도 갈수록 떨어져요. 이 책에서 이야기했던 것처럼, 그 끝은 끝임없이 늘어나는 도로 면적과 그 도로를 가득 채운 SUV, 그리고 더 빠르게 뜨거워지는 지구가 되겠죠. 2023년은 지구가 기후 변화의 티핑 포인트를 지나는 순간을 우리 모두가 목도하는 상황입니다. 안토니우 구테흐스 유엔 사무총장의 이야기처럼, 지구 온난화 시대The era of global warming는 끝났고 지구가 끓는 시대The era of global boiling가 시작됐습니다. 지구가 뜨거워지는 속도는 그 어떤 IPCC의 예측 궤적도 뛰어넘었고, 탄소 배출 감축은 이루어지지 않고 있습니다.

저는 초등학생 아이가 하나 있습니다. 10년, 20년 뒤에 지구가 어떻게 되는지, 우리는 무엇을 해야 하는지, 그리고 사람들은 어떻게 준비하고 있는지 아들이 물으면 저는 미안해서 할 말을 잃습니다. 나라에서는 아이를 낳으라고

합니다. 그 아이들이 성인이 되었을 때 한국이나 서울의 기후가 어떻게 되어 있을지 모르지만, 그때 이 땅에서 사람이 살아갈 수 있는 환경을 지금부터 만들고 있어야 합니다. 어떤 기후 변화 궤적에서 우리가 어떻게 살아남아야 할지에 대한 자세한 계획도 필요하고요. 기후 위기가 현실이 되었는데도, 이 문제는 그저 방 안의 코끼리로 남아 있는 것만 같아요. 이 코끼리를 대중이 모두 목도할 수 있을 때에야, 경로 의존성의 타성에 젖어 있는 정책들이 달라질 수 있습니다.

**전현우** '이동의 위기'라는 말을 제안할 때, 저는 우리가 늘 너무나 잘 이동하고 있지만, 기후 위기 앞에서 이 모든 이동의 조건이 어느 날 붕괴할 수 있다는 경각심을 함께 나누면 좋겠다고 생각했습니다. 이 붕괴의 원인은 이동에서 반드시 따라오게 되는 탄소, 에너지 비용, 아니면 도시 환경 자체의 황폐화나 걷기 어려운 도시 구조 같은 것들이죠. 역설적입니다. 더 잘 이동하려다 보니 무탈하게 이동할 수 있는 조건은 오히려 갉아먹히고 있다는 거죠. 비유하자면 교통사고 같다는 느낌도 듭니다. 밟으면 밟을수록 조금 빨리 도착하긴 하지요. 그러나 그렇게 빨리 달릴수록 사고의 잠재적 파괴력 또한 커집니다.

이동은 브레이크와 함께하지 않으면 안 된다는 평범한 사실에서 출발해보면 어떨까요? 내리막을 달리는 픽시 자전거, 아니면 제대로 된 브레이크도 없이 100킬로미터 이상 속도를 냈던 19세기의 열차…… 이런 식으로 막 이동하는 것이 지금 우리 교통의 세계 전체라는 생각을 지우기 어렵습니다. 복잡하다면 '가속페달보다 브레이크 먼저' 이걸 기억해주시면 좋겠어요.

## 편지를 마치며

### 정희원

돌아보면, 이동철학자 전현우와의 지난 1년에 걸친 모빌리티에 대한 교감은 오랜 기간 수많은 우연들이 교차된 결과였다고 생각한다. 중학생 때의 일이다. 구체적으로 왜 지구과학에 꽂히게 되었는지는 잘 기억이 나지 않지만, 지구과학이 다루는 매크로 스케일의 담론은 산만하기 짝이 없던 나의 몰입을 사로잡았다.

고등학교 시절, 정말 우연히 나의 과외 선생님이 되었던, 지금은 '변화를 꿈꾸는 과학기술인 네트워크'의 주요 멤버이기도 한 김기상 박사가 건네준 책이 칼 세이건의 《창백한 푸른 점》이었다. 세상을 고민하며 줌-아웃을 반복하는 과정의 끝에서 그는 작은 점처럼 보이는 지구를 바라보며 내 인생을 바꿔준 문장들을 남겼다. 항공우주공학을 공부하겠다는 생각을 굳혔다. 기후변화로 지구의 생물권이 멸망하는 시점을 미루는 데 기여할 수 있는 과학자가 되고 싶었다. 닷컴 버블과 카드사태 위기로 경기가 좋지 않을 때였다.

수능 시험을 본 며칠 후, 아버지가 참치를 먹으러 가자 했다. 법적으로는 술을 마셔서는 안 되는 연령이었던 나는 소주 한 병에 진로를 의대로 바꿨다.

의대 공부는 처음에는 그다지 재미있지 않았던 것 같다. 암기라고는 도저히 할 수 없는 두뇌구조라, 본과 1학년 초반에는 극심한 우울감에 시달려야 했다. 하지만 시스템 관점에서 사람에 접근해 들어가는 생리학과 약리학, 그리고 내과학, 나아가 노인의학을 공부하면서 사람과 지구는 똑같은 복잡적응계의 모습을 하고 있음을 깨달았다.

환원론의 결과물을 단순히 암기하려면 고문에 가까운 공부가 되겠지만, 과학적, 공학적 관점에서 지식 체계가 어떻게 만들어져 왔는지를 읽고 곱씹을수록 거대한 의학 지식의 구름 속에 억지로 외워야 할 것은 하나도 없어 보였다. 기후 위기를 논하는 수많은 카산드라들이 있지만 이들의 이야기가 세상 사람들의 관심에 도달하지 못하는 모습은, 방 안의 코끼리와 다를 바 없는 우리나라 의료 시스템의 위기와 데칼코마니를 이뤘다.

내과 전공의를 마치고 경험했던 4년간의 박사 과정에서 낮에는 분자생물학을 공부하고, 밤에는 매크로 스케일의 노인의학 연구를 했다. 그 고민의 결과를 쏟아냈던 첫 책이 《지속가능한 나이듦》이었다. 책을 어떻게 홍보해야 할지에 대한 고민이 애초에 없었다. 그저 영어 논문으로 관찰과 분석, 논의를 풀어낸들 읽어주는 이가 없는 현실이 답답해 단행본의 형태로 생각을 정리해야겠다는 생각뿐이었다.

내가 안쓰러웠는지 《과학기술 일상사》의 저자이자 '변화를 꿈꾸는 과학기술인 네트워크'의 멤버이기도 한 박대인이 정한별과 함께 그가 운영하는 팟캐스트 〈과학기술정책 읽어주는 남자들〉에 나를 초대했다. 그들이 몇 주 전 인터뷰한 이가 전현우였다. 그 시점에, 이미 내 책상 위에는 전현우의 역작 《거대도시 서울 철도》가 올려져 있었다. 전현우의 책을 덮은 순간, 내 머릿속에는 반드시 저자를 만나서 이야기를 나누고 싶다는 생각뿐이었다. 밤을 새서.

대중성과는 거리가 멀었던 《지속가능한 나이듦》이 잘 팔릴 리는 만무했다. '가속노화 책'으로도 알려진 두 번째 책 《당신도 느리게 나이 들 수 있습니다》를 어떻게 세상에 알려야 할지를 고민하던 중 챗GPT가 등장했고, 인공지능은 트위터 사용 전략을 친절히 알려줬다. 고맙게도, 트윗을 보고 연락해온 이들 중 예스24의 김윤주 에디터가 있었다. 지금 이 순간을 열심히 살아가는 거대도시민들이 가지고 있는 이동성mobility에 대한 관점을 수정해, 이동과 운동을 분리하지 말고 다면적인 신체 활동을 포트폴리오화해야 한다는 나의 주장은, 비슷한 시기 출간된 전현우의 책 《납치된 도시에서 길찾기》의 메시지와 관통하는 면이 있었다.

그렇게 김윤주 에디터의 주선으로 전현우를 흑석동의 양꼬치 집에서 처음 만났고, 이 일이 시작되었다. 바쁜 일정 중에 글들이 오갔다. 펄펄 끓는 2023년 여름, 두 카산드라는 개인에서 지구 스케일로 줌 아웃을 시도하며 의학과 철학이라는 대조적인 사고 프레임에서 이동의 문제를 다뤘다.

2024년 올해는 작년보다 더 뜨겁고 험난한 한 해가 될 것 같다. 산업사회 이전 대비 지구 평균 기온 1.5도 상승의 기준을 얼마나 보수적으로 정해야 하는지에 대해 갑론을박이 있는 와중에, 많은 과학자들은 이미 인류가 이 1.5도의 선을 넘어섰음을 이야기한다. 다가오는 눈에 보이는 위기조차 제대로 바라보지 못하는 인류의 모습을 풍자한 영화 〈돈 룩 업〉의 모습처럼, 아직까지도 기후 변화는 우리 사회의 주요 의제에서 제대로 한 자리를 차지하지 못한다. 매크로 관점에서, 합리적인 장기 전망은 자극적이고 사람의 눈길을 끄는 담론에 묻혀버리고 만다.

지난 20년간 수많은 보고서와 논문에서 제기된 분절화된 한국 의료의 부조리는 전혀 개선되지 않다가, 갑작스레 이 모든 문제를 해결하기 위해서는 의과대학 정원을 67퍼센트라는 큰 폭으로 늘리는 것이 필요조건이라는 정책이 사회를 분열시킨다. 의료 전달체계의 붕괴와 분절화된 진료 체계로 선진국(OECD) 평균 외래 진료 이용의 2.6배에 달하는 한국인의 의료 이용 볼륨과 세계 최고 수준의 GDP 대비 경상의료비 증가 속도는 제쳐두고, 무한 증식하는 의료 수요를 의사 공급으로 해소해야 한다는 논리다. 탄소를 배출하는 자동차 이용의 무한한 수요 증식을 바라보며 산을 깎아 도로를 만들고, 먼 미래에나 가능할지 모를 탄소포집, 활용, 저장(CCUS)기술이 있으니 지금은 수송 부문의 넷제로를 위한 노력이 급하지 않다는 정책 입안자들의 논리와 똑같다.

그런 와중에, 거대도시의 도로는 마치 가속노화를 오랜 기간 경험한 동맥경화 환자의 혈관처럼 답답함만 더해져 간다. 일상의 이동에서 스치는 사람들의 얼굴에는 피로와 분노가 가득하다.

나는, 그렇게 답을 찾아서, 다시《창백한 푸른 점》으로 돌아와 본다. "우리가 사는 이곳은 암흑 속 외로운 얼룩일 뿐이다. 이 광활한 어둠 속의 다른 어딘가에 우리를 구해줄 무언가가 과연 있을까. 사진을 보고도 그런 생각이 들까? 우리의 작은 세계를 찍은 이 사진보다 우리의 오만함을 쉽게 보여주는 것이 존재할까? 이 창백한 푸른 점보다, 우리가 아는 유일한 고향을 소중하게 다루고, 서로를 따뜻하게 대해야 한다는 책임을 적나라하게 보여주는 것이 있을까?"

# 왜 우리는 매일 거대도시로 향하는가